工业和信息化普通高等教育 "十三五"规划教材立项项目 | 高等院校"十三五" 网络与新媒体系列教材

U0597881

新媒体
文案创作与传播

潘勇◎主编

阎文峰 余婕◎编著

New Media

Copywriting Creation and Communication

人民邮电出版社

北 京

图书在版编目（CIP）数据

新媒体文案创作与传播：微课版 / 潘勇主编；阁
文峰，余婕编著. -- 北京：人民邮电出版社，2021.8
高等院校"十三五"网络与新媒体系列教材
ISBN 978-7-115-55671-4

Ⅰ. ①新… Ⅱ. ①潘… ②阁… ③余… Ⅲ. ①传播媒
介－文书－写作－高等学校－教材 Ⅳ. ①G206.2

中国版本图书馆CIP数据核字(2020)第257940号

内 容 提 要

本书主要介绍新媒体文案创作与传播的相关知识，先从新媒体文案概述、新媒体文案的写作技巧和新媒体文案的写作方法开始，结合微信、微博和社群等不同平台的新媒体文案，以及产品、品牌故事、活动、海报、视频和 H5 等不同种类的新媒体文案，对新媒体文案的创作进行介绍；再从特点、传播技巧、注意事项、增强传播性的方法和不同平台的传播等方面，对新媒体文案的传播进行介绍；最后对不同行业的新媒体文案进行分析，帮助读者了解新媒体文案创作与传播的基本知识，从而提高读者的新媒体文案写作、传播能力。

本书适合作为高等院校新媒体文案相关课程的教材，也可以作为从事新媒体文案相关工作的从业人员的参考书。

◆ 主　编　潘　勇
　编　著　阁文峰　余　婕
　责任编辑　孙燕燕
　责任印制　李　东　胡　南

◆ 人民邮电出版社出版发行　　北京市丰台区成寿寺路 11 号
　邮编　100164　电子邮件　315@ptpress.com.cn
　网址　https://www.ptpress.com.cn
　大厂回族自治县聚鑫印刷有限责任公司印刷

◆ 开本：700×1000　1/16
　印张：14　　　　　　　　　　2021 年 8 月第 1 版
　字数：266 千字　　　　　　　2024 年 8 月河北第 8 次印刷

定价：49.80 元
读者服务热线：**(010)81055256** 印装质量热线：**(010)81055316**
反盗版热线：**(010)81055315**
广告经营许可证：京东市监广登字 20170147 号

前言
PREFACE

随着智能手机的普及和新媒体技术的发展，企业的营销方式从电视、报纸、杂志等传统媒体营销方式，逐步转变为微博、微信、社群、视频等新媒体营销方式，这也使新媒体文案在企业营销中的作用越来越重要，市场对新媒体文案人员的需求也越来越大。

众所周知，新媒体文案要想在众多信息中脱颖而出，达到理想的营销效果，就需要文案人员系统地学习新媒体文案的相关知识，掌握新媒体文案创作与传播的方法并不断学习，以充实自己的知识库，应对不可预测的各种挑战。

本书深入贯彻党的二十大精神，以新媒体文案为主要对象，从新媒体文案概述、创作和传播3个方面，向读者介绍新媒体文案，并结合行业案例进行分析，帮助读者认识、了解新媒体文案，掌握新媒体文案的相关知识，以提高读者的新媒体文案创作与策划能力。

本书内容

本书共7章，第1章主要介绍新媒体文案的概念、岗位、创意思维等内容；第2章至第5章主要介绍新媒体文案创作的相关知识；第6章介绍新媒体文案传播的技巧、注意事项、方法等内容；第7章则通过不同行业的案例对新媒体文案进行了分析。

本书特色

本书旨在讲解新媒体文案创作与传播的相关知识，具有内容全面、案例丰富和结构新颖的特点，具体如下。

（1）内容全面。本书首先对新媒体文案做了概述，然后介绍新媒体文案的写作技巧和写作方法，并对不同平台和不同种类的新媒体文案进行了具体介绍；在对新媒体文案的创作进行充分介绍的基础上，再对新媒体文案的传播进行了介绍；最后结合不同行业的新媒体文案进行分析，全面介绍新媒体文案的创作与传播知识，为读者展示了新媒体文案从创作到传播的整个过程，帮助读者更好地掌握新媒体文案的相关知识。

（2）案例丰富。本书在讲解新媒体文案创作与传播的相关知识时，结合文字、图片等不同的表现形式，向读者介绍了不同的案例，帮助读者理解并掌握相关知识。此外，还设有"案例分析"板块，结合所讲知识，带领读者剖析案例，梳理案例思路，帮助读者加强对知识点的理解，使读者能够更快、更好地掌握和运用相关知识。

（3）结构新颖。本书每章均以"学习目标""知识结构图"引入，帮助读者初步了解本章所讲知识和整体结构；通过"课堂讨论"，帮助读者更好、更快地进入学习状态；结合"课堂活动"，帮助读者理解、掌握相关知识点；并在章末设置"课堂实训""课后练习"，帮助读者回顾本章所讲知识，加强读者对知识的掌握及运用能力，使读者能够更快地将所学知识运用到实际工作中。

资源提供

（1）拓展学习资源。本书配备二维码，读者在学习过程中可直接通过扫描对应的二维码观看相关资源，从而进一步学习新媒体文案创作与传播的相关知识。

（2）提供教学资源。本书配有丰富的教学资源，包括PPT、教案、题库等，用书教师可自行下载，下载网址为：www.ryjiaoyu.com。

编者留言

本书由潘勇主编，阎文峰、余婕编著。由于编者水平有限，书中难免存在不足之处，欢迎广大读者、专家批评指正。

编　者

2023年7月

目录
CONTENTS

第1章　新媒体文案概述

学习目标

随着互联网的发展，新媒体逐渐进入了广大企业、商家的视野，被用于商品的宣传与推广，为了让营销内容更具有创意性，新媒体文案随之产生。本章将对新媒体文案、新媒体文案岗位和新媒体文案创意思维进行讲解，帮助有意从事新媒体文案工作的读者掌握新媒体文案的基础知识。

知识结构图

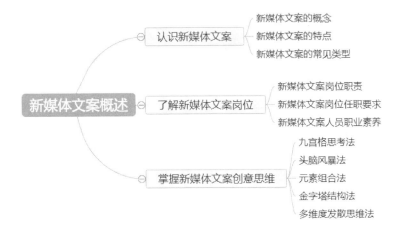

1.1 认识新媒体文案

扫一扫 看微课

认识新媒体文案

　　新媒体文案是基于新媒体平台，利用其交互性进行内容、创意输出的文案。这种新型文案的出现，促进了文案行业的发展，提高了文案人员进入该行业的门槛。要想创作优秀的新媒体文案，大家需要先了解新媒体文案的概念、特点和常见类型。

 课堂讨论

　　（1）平时你会注意新媒体平台上的广告文案吗？
　　（2）你有比较喜欢的广告文案吗？哪类广告文案能够带给你惊喜？

1.1.1 新媒体文案的概念

　　对于新媒体文案，可以从新媒体和文案两个方面进行理解。新媒体是指以PC端、移动端为载体的媒体应用，如微信、微博、知乎、豆瓣、抖音等。新媒体比广播、电视、报纸和杂志等传统媒体，更能满足"基于互联网媒介进行传播""所有人对所有人的传播"的要求。文案是一种吸引用户的广告表现形式，是广告内容的核心，有传递信息的作用。企业或商家可以通过文案，将产品或服务信息传递给用户，以便用户了解产品或服务。

　　综上，新媒体文案可以被简单地理解为是借助新媒体平台生成的创意性文案。

1.1.2 新媒体文案的特点

　　新媒体文案具有内容多元化、成本低廉、互动性强、推广强度大和时效性强5个特点。

1. 内容多元化

　　随着新媒体的发展，出现在新媒体平台上的信息种类越来越多，其表现方式也越来越多样化，这种多样化加大了企业、商家或个人精准发布与传播营销信息给用户的难度。而要想降低这种精准传递的难度，文案人员就要对信息进行再加工与处理，通过文字的转换、动图、超链接、视频、音频等的灵活组合，使其能够在不同的新媒体平台中有效传播。

2. 成本低廉

　　与传统的广告相比，新媒体文案的发布成本更加低廉。网络传播的路径广泛，只要文案足够优质，吸引力足够强，自然会有人自发地对文案进行传播与分享，从而达到意想不到的营销效果。

3. 互动性强

新媒体文案多发布于社交、娱乐及资讯性平台，用户可使用移动设备随时随地进行浏览、互动，文案传播不再是单向传播，而是多向的沟通与交流。例如，对于发布在微博中的文案，用户可以根据文案内容，自由地发表看法，并对其进行评论、点赞或转发，甚至还可以@好友进行讨论。这种文案互动性强，能够增强企业、商家或个人与用户之间的联系，提高用户黏性。

4. 推广强度大

随着技术的进步，许多平台不仅支持发表文字、图片、视频、超链接等不同形式的新媒体文案，还支持用户将本平台的优质内容，分享到其他平台。随着智能手机的普及，用户可以随时随地浏览新媒体文案，这使得优质的文案能够及时被用户关注与分享。企业也可以根据产品或品牌的需求，选择多个平台进行联合推广，提高推广的强度。

例如，一些知乎答主可以在回答过程中放置微信二维码，为自己的微信平台引流，图1-1所示为在文末放置二维码的回答截图，用户可直接搜索微信公众号名称或保存图片扫描二维码，关注微信公众号。此外，用户还可以点击文章右上角的┊按钮，打开分享页面，选择合适的渠道对回答内容进行分享。图1-2所示为分享页面。

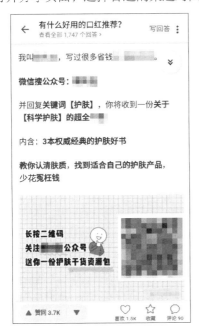

图1-1 在文末放置二维码的回答截图

图1-2 分享页面

5. 时效性强

在移动互联网环境下，人们逐渐表现出碎片化阅读的行为特点，且在该背景下，信息的传播与更新速度快，若是文案传达的信息过时，就很难引起用户的关注，所以新媒体文案一定要注意信息的时效性。

1.1.3 新媒体文案的常见类型

新媒体文案由于分类方式的不同，存在不同类型，文案人员若想写出更优质、更能吸引用户关注的文案，需要先了解新媒体文案的类型。下面将按照表现形式、文案长度、广告植入方式和文案目的4种分类方式，介绍新媒体文案的常见类型。

1. 按表现形式分类

按表现形式进行分类，文案可以分为文字文案、图片文案、音频文案、视频文案和图文结合文案等。由于新媒体文案的传播渠道不同，其在各平台中也会具有不同的表现形式，如微博中的短文案，就可以被分为纯文字文案、图片文案、视频文案和图文结合文案4种。

2. 按文案长度分类

根据文案篇幅的长短，新媒体文案可分为1000字及以上的长文案和1000字以内的短文案。写作长文案时，可以进行信息的铺述分析，也可以展开大的情感场景进行叙述；而短文案则侧重快速触动，表现核心信息。不管是什么行业的产品，文案人员在写作文案时，都可以根据产品的需要和特点确定文案的长度。

3. 按广告植入方式分类

根据广告植入方式的不同，新媒体文案可分为硬广和软广。

- **硬广**。硬广通过媒体渠道进行直接的宣传，清楚直白、开门见山。
- **软广**。软广不直接介绍产品或服务，而是将其巧妙地植入情感故事或干货分享，达到一种"润物细无声"的营销效果。

这两种文案都是商家常用的，如果商家要高强度地宣传曝光推广内容，会选择硬广，如果商家想要推广内容达到出其不意或补充增强的效果，可以选择软广。

4. 按文案目的分类

根据新媒体文案的写作目的，新媒体文案可分为销售文案和推广文案。

- **销售文案**。销售文案是指文案发布之后能够立刻带来销量的文案，如介绍产品信息的产品详情页文案、为了促进销售而制作的引流广告图等。销售文案一定要能打动用户，能激发用户的购买欲望，引导其产生购买行为。
- **推广文案**。推广文案是指能推广产品或品牌，从而提高品牌影响力的文案，如品牌形象广告、品牌节假日情怀营销文案等。推广文案的重要目的是引起用户的情感共鸣，使其自发进行文案传播。

1.2 了解新媒体文案岗位

随着新媒体文案的发展，社会对新媒体文案岗位的需求也越来越多，一名优秀的文案工作者，需要对新媒体文案有清晰的认识，并充分了解新媒体文案岗位职责、任职要求和应具备的职业素养。

（1）你了解过新媒体文案岗位吗，你认为新媒体文案岗位的工作内容有哪些？

（2）如果你要面试新媒体文案岗位，你认为应该做哪些准备？

1.2.1 新媒体文案岗位职责

纵览招聘网站不难发现，新媒体文案的岗位职责不仅限于文案的写作与发布、内容的策划与编辑，还会涉及运营、推广方面的内容，如文案人员需要具备网站发展策划或活动策划、广告宣传、品牌推广、新媒体运营、用户数据分析等方面的能力。

图1-3所示为智联招聘网站的截图，网站上面有某公司对新媒体文案的岗位职责描述，图1-4所示为Boss直聘网站的截图，网站上面有某公司对新媒体文案的岗位职责描述。

岗位职责：

1. 参与讨论保险、理财课程的设计制作过程，准确把握用户心理和痛点，撰写销售软文。

2. 挖掘产品亮点与卖点，对产品进行直观、富有吸引力的文字描述，提高产品销售转化率。

3. 对原创文案进行二次加工，根据不同用户群体特点，从不同视觉角度对产品进行二次包装。

4. 负责线上的品牌宣传、PR软文以及活动文字的撰写，有效提升消费者购买欲望。

5. 负责各类文案的创意构思与具体撰写（包括但不仅限于广告文案、活动文案、视频脚本等）。

岗位职责：

1. 社会化营销自媒体官方微信、微博 创意文案的策划和撰写。

2. 品牌对外宣传性传播新闻稿件、事件稿件的策划和文案撰写。

3. 品牌核心文案的策划、撰写，含产品文案、品牌文案等相关内容。

4. 日常方案文案的策划及撰写。

图1-3 智联招聘网站的截图　　　　图1-4 Boss直聘网站的截图

结合招聘网站中对新媒体文案岗位职责的描述及新媒体文案相关岗位，如广告文案、文案编辑、新媒体文案编辑、新媒体文案策划等，可以看出，新媒体文案岗位职责主要包括以下6点。

- 协助市场部收集、整理和分析行业、用户及竞争对手的相关数据。
- 根据公司或企业的品牌定位及产品风格，对产品进行创意思考及文案策划。
- 抓住卖点，跟进热点，编写能突出产品特点，展现产品价值，使用户产生强烈购买欲望的产品描述。

- 进行产品文案、广告文案、品牌宣传文案、活动文案等各类营销文案或软文的写作。
- 熟练掌握和运用软文营销等推广方式，以及手机App等推送渠道。
- 按时保质地完成部门安排的其他工作任务。

1.2.2 新媒体文案岗位任职要求

虽然新媒体文案的岗位职责是类似的，但不同企业对新媒体文案岗位的任职要求却不相同，对想要从事该岗位工作的文案人员来说，拥有能够胜任该岗位工作的能力是必须的。图1-5所示为智联招聘网站的截图，该网站上有某公司对新媒体文案岗位的任职要求截图；图1-6所示为Boss直聘网站的截图，该网站上有某公司对新媒体文案岗位的任职要求截图。

任职要求：

1. 有较好的文案功底及文字驾驭能力，中文系、新闻、广告等相关专业优先。
2. 有甲方企业品牌传播文案策划撰写工作经验，或大型广告公司、网络互动公司资深文案经验。
3. 熟悉线上传播文案的创作，带作品或知名客户服务案例。

图1-5　智联招聘网站的截图

任职要求

1. 有5年以上新媒体运营经验，并有优秀案例，有教育行业工作经验优先。
2. 擅长网络编辑及营销型文案写作，有较强的文字编写能力和策划能力，能够准确捕捉产品亮点 。
3. 熟悉体育教育产品，了解用户需求及心理特征，能够撰写对潜在用户具有吸引力的文案。
4. 数据分析能力强，思维逻辑清晰，具备良好的自我学习及驱动力，责任心强，有创造性。
5. 有一定的项目管理能力，善于跨部门组织、沟通和协调资源，有良好的团队合作意识。
6. 思维活跃，具备创新能力，有较强的营销意识，洞悉用户心理。
7. 对教育行业发展趋势有深刻理解，并热衷于用户行为研究。
8. 性格开朗，热爱体育运动。

图1-6　Boss直聘网站的截图

综上，新媒体文案岗位的任职要求可归纳为以下6个方面。

- **要求学历及相关工作经验。**一般来讲，文案编辑相关岗位都会要求应聘者有本科及以上文凭，一般会倾向于选择广告、新闻、中文等专业的应聘者，个别公司或企业还要求通过大学英语四级考试。
- **要有协调合作能力。**文案写作涉及的范围较广，需要各部门的工作人员进行多方协调与沟通，因此文案人员要具备良好的协调合作能力。
- **要有敏锐的市场洞察力。**文案人员要具备能够快速、准确地捕捉市场需求，并结合市场需求对产品进行深入分析，确定产品核心卖点的能力。
- **要有扎实的文案搜集与编辑能力。**文案人员要具备优秀的文案资料搜集、整理、组织和编辑的能力，写作语言要流畅有技巧，能打动目标用户。
- **要求思维活跃。**文案人员要能从多样化的角度去看待事物，找到事物不同的切入点，要有创意。
- **要有高度的责任感。**文案人员要有爱岗敬业、诚实守信的工作作风和严谨踏实的工作态度。

虽然新媒体文案岗位常有专业及学历要求，但新媒体文案的灵活性较强，若是应聘者拥有良好的文字功底或是对该行业有独到见解，并且具有创新、创意精神，企业也会放宽录用条件。

1.2.3　新媒体文案人员职业素养

拥有良好的职业素养，可以帮助文案人员更好地应对文案工作中的各种问题，促使其不断学习、进步，写出优秀的文案。职业素养主要包括职业信念和职业能力。

1. 职业信念

文案人员在写作时应持有正确的信念，如此才能为文案的写作树立大局观，具体内容如下。

- 树立积极正面的营销意识和行业竞争观，为文案写作提供方向与动力。
- 培养创新思维、创新意识和创新能力，形成以创新为立足点的文案策划与写作观。
- 形成系统、完整、条理清晰的产品推广理念。

2. 职业能力

文案人员应拥有充足的知识储备和一定的工作能力，为写作优质的新媒体文案奠定良好的基础。

（1）知识储备

文案人员需要具备大量的知识储备，具体内容如下所示。

- 掌握新媒体文案的含义、特点。
- 掌握新媒体各类型文案的写作方法。
- 学习广告学和传播学知识，让文案更具营销性。
- 了解各种创意思考策略和文案生成的方法。
- 注重积累，学习别人的文章、创意、经验。
- 了解行业知识及具体的产品特性、功能等，使文案更具针对性。
- 了解用户的消费心理与行为，让文案更贴近用户的真实心理。
- 掌握不同的文案切入角度。
- 明确写作禁忌与误区。

（2）工作能力

在从事新媒体文案工作时，文案人员应至少具备以下5种能力。

- **写作能力。**写作能力包括写作文案时的语法、逻辑等能力；对文案语言风格的把控能力；灵活写作文案具体内容的能力，即根据文案类型的不同进行不同的描述；运用文案写作技巧的能力，如善用图片、音乐、视频、超链接等元素。

- **软件能力。**有些企业会让文案人员一力承担文案的写作与效果设计工作，所以文案人员还应具备相应的设计软件操作能力，如能够运用Photoshop、Office、会声会影，以及在线新媒体编辑工具，以满足设计需求。
- **审美能力。**文案人员只有具备审美的能力，才能写出符合用户需求的文案。一般来说，审美能力主要表现在文字排版和图文搭配两个方面。

专家指导

审美能力可通过解析优秀文案来提升。在观摩优秀文案时，文案人员可以分析文案版式及文字是否具有节奏、韵律与美感，包括每段、每行、每句，甚至标点符号等细节的设计。

- **分析能力。**分析能力包括对公司、品牌定位和风格的分析，对产品投放的市场、面对的目标用户、用户的需求和消费心理的分析，对投放渠道及用户反馈的分析。分析能力能使文案人员快速对文案进行有条理的结构输出，使文案层次清晰，表述合理。杰出的分析能力更能帮助文案人员抓住产品的核心卖点，写出直击用户痛点的文案。
- **学习能力。**文案的写作是个不断积累与学习的过程，学习能力强的文案人员能在面对新事物时，取其精华，去其糟粕，更快地吸收新知识，并对新知识融会贯通，创造优秀的作品。

课堂活动

结合所学知识，试着完成以下各题。
（1）假设你是某企业的招聘人员，请你撰写一篇有关招聘的新媒体文案。
（2）假设你是某企业的资深文案人员，你对新入行的文案人员有什么建议？

1.3　掌握新媒体文案创意思维

随着新媒体时代的到来，用户能够接收到的信息数量十分巨大，因此，写出创意性文案，使其在众多文案中脱颖而出，成了文案人员的首要任务。而要写出创意性的文案，文案人员需要掌握创意思维。掌握创意思维的方法包括九宫格思考法、头脑风暴法、元素组合法、金字塔结构法和多维度发散思维法等。

1.3.1 九宫格思考法

九宫格思考法又叫曼陀罗思考法。它通过九宫格矩阵图，帮助文案人员扩散思维，以便构思文案、策划方案等。下面分别从操作步骤、填写方法和注意事项3个方面对九宫格思考法进行介绍。

1. 操作步骤

九宫格思考法的操作步骤如下。

- 第一步。在一张白纸上先画一个正方形，然后将其均分为9个小格子，再将主题写在正中间的格子内。
- 第二步。将与主题相关的不同优点，凝练后写在剩余的8个格子内。
- 第三步。反复思考、自我辩证，查看这些优点是否必要、明确，是否重合，据此进行修改，一直修改到满意为止。若是想法很多或某部分内容还可以延伸，一张纸不够用，可多填写两张，再去粗取精即可。

2. 填写方法

九宫格的填写方法有两种：一种是以中央为起点，顺时针填写，将要点按自己想到的顺序填写进去即可；另一种是随意填写，想到什么就填写什么，这种方式有助于文案人员充分发散思维，获得灵感。

3. 注意事项

在利用九宫格思考法构思文案时，文案人员应尽量填满九宫格，为了使九宫格内容通俗易懂，还应采用简明的关键词进行描述。此外，在使用九宫格思考法时，还需要注意以下3个方面的内容。

- **优点取舍。** 在填写九宫格时，文案人员应尽情发散思维，对每一个优点进行细分或扩展，一步步完善文案内容。在填写完成后，还需对所填写内容进行整理，分析每个优点的主次，做出取舍。那些不明确的优点，则可以重新修改。
- **包装和强化优点。** 新媒体文案在很多时候并不能直接把所有优点都表达出来，通常情况下，需要对其进行多重包装和强化。如果某一文案主体的优点太多，最好的方法就是强化其中一个或几个突出的优点，这样就更容易让用户记住文案。
- **因地制宜使用优点。** 利用九宫格归纳出优点后，文案人员需要针对用户的记忆点，因地制宜地使用这些优点。例如，如果文案是用在海报或者推广图上，那么其记忆点应保持在3个以内，但如果文案是用于产品介绍，那么就可以尽可能地展示产品的众多卖点。

例如，一款办公椅有如下特点。

（1）符合人体工学，能够贴合腰椎、保护臀部，保证久坐不累。

（2）科学布局网布孔洞，并融合竹炭颗粒，使其柔软舒适透气，保持干爽。

（3）靠背内部采用乳胶材料，提高了透气性。

（4）靠背外部可以选择使用波浪交织网布或斑马条纹网布，能够满足用户的不同需求。

（5）靠背在设计时采用仿生工程技术，贴合人体脊椎，可长时间让脊椎得到休息，减少久坐对脊椎的伤害。

（6）坐垫使用可运动臀部弹簧，能够弹震减脂，保持坐垫回弹性。

（7）头枕采用升降技术，能够根据实际情况，调节高度，适应不同的使用者。

（8）拥有后仰调节、升降调节功能，能够巧妙应对不同的使用环境。

（9）座椅滑轮使用软质PVC材质，滑动灵活，结实耐用，能减轻对地板的伤害，减少噪声。

结合该产品的信息，文案人员可根据需要对资料进行融合整理，得出如下九宫格图，图1-7所示为办公椅的九宫格图。

贴腰护臀 久坐不累	科学布局 柔软舒适	透气 舒缓疲劳
波浪交织 斑马条纹	办公椅	贴合脊椎 减少伤害
弹震减脂 保持回弹性	升降调节 后仰调节	灵活耐用 减伤减噪

图1-7　办公椅的九宫格图

九宫格思考法能帮助文案人员理清产品卖点与文案脉络，文案人员对这些卖点一一分析后，再与市场上的其他文案进行对比，一般情况下能写出一篇优秀的新媒体文案。

1.3.2　头脑风暴法

头脑风暴法是现代创造学奠基人亚里克斯·奥斯提出的一种激发思维的方法。这种方法往往需要聚集一定数量的参与者，由这些参与者自由发表对某一主题的看法，激发参与者的想象、热情与竞争意识，去思考、讨论与文案主题有关的问题，从而产生众多创意想法。一般来说，头脑风暴法常用于小型研讨会，其成

扫一扫

促进头脑风暴的方法

功实施的要点包括以下5个。

- **会前准备**。在会议开始前，需要确定会议的主题，并将其提前通报参与者，让参与者有一定准备，并使参与者清楚会议提倡的原则和方法；还需要选择会议主持人，以引导会议进程，确保参与者遵循会议基本规则。

- **参会人数**。参会人数以6～10人为宜，一般不超过15人。

- **会议时长**。会议时长一般控制在1小时内。

- **参会人员**。会议可设置一名主持人，用于主持会议但不对参与者的设想做任何评论；还可设置1～2名记录员，用于记录所有参与者的各种想法，并对这些想法进行归类；此外，参与者应为不同专业或不同岗位的人员。

- **会议要求**。不要在思考的过程中评价其他参与者的想法，完成头脑风暴后才能进行评价；尽可能地说出想到的任何意见，不要害怕自己的意见不被采纳；想法越多越好，主要着重于想法的数量，而不是质量；提倡自由发言。

除成功实施的要点外，头脑风暴法还可以采用不同的思考方法进行，常见的有确定文案关键词、选择文案风格、加深主题思想、换位思考和确定文案可行性5种。

1. 确定文案关键词

在展开头脑风暴时，应该率先审查文案的主题，确认文案关键词，保持关键词的设想在主题范围内。一般来讲，文案人员可以根据文案描述主体的不同，思考文案方向和相对应的特点，并罗列相应的关键词，产生较多可供选择的特点，表1-1所示为罗列关键词。

表1-1 罗列关键词

方向/特点	特点A	特点B	特点C	特点D
方向1	1A	1B	1C	1D
方向2	2A	2B	2C	2D
方向3	3A	3B	3C	3D
方向4	4A	4B	4C	4D

例如，西装产品，从产品版式方向看，"1A"可以为"双排扣"，"1B"可以为"纯色"，"1C"可以为"西装领，长袖"；从产品材质方向看，"2A"可以为"棉52%，聚酯纤维46%，氨纶2%"，"2B"可以为"直筒、挺括"，"2C"可以为"透气散热、易清洗"等。

关键词罗列出来后，文案人员可以对关键词进行随意搭配。例如，对同一个特点不同方向的关键词进行随意搭配、不同方向同一特点的关键词进行搭配以及不同特点不同方向的关键词进行组合搭配等。再对搭配出来的关键词进行文案联想，甚至可以用笔在白纸上将关键词勾勒出来，表达对这些内容的想法。这种关键词联想的过程，可以为文案人员带来不同的灵感与想法。

2. 选择文案风格

文案风格往往是多样化的，如有趣的、温馨的、情怀的、文艺的、奢华的、平实的、高端的等。大多数时候，文案的风格取决于所要描述的产品类型与品牌定位。例如滴滴出行，其文案就是从关心用户的角度出发，通过温情清新的风格，突出滴滴出行的品牌形象，吸引用户在日常出行中选择滴滴作为出行工具；百雀羚则选择复古、文艺的风格，讲述关于护肤的故事，打动用户，促进产品销售。

3. 加深主题思想

文案人员可采用"5W1H"法对文案进行思考，"5W1H"即what，who，where，why，when，how，分别表示该事物是什么？使用的主体是谁？在哪里使用？为什么用户会选择使用它？什么时间点使用较多？使用效果如何？文案人员思考完这些问题并给出答案后，就代表对这篇文案已经有了比较明确的想法和主题思考。

4. 换位思考

扫一扫

美的《我可以回家吗》

文案人员在进行文案写作时可以进行换位思考，在发布一篇文案时想象自己是用户，想一想自己是否会理解、欣赏这样的文案，还有哪些可供改进的地方，把自己当成用户搭建使用场景，帮助用户了解文案内容。例如，美的新媒体文案《我可以回家吗》，就是站在用户的角度，展示了一位上班族对过年回家的期盼和担忧，提出疑问"我可以回家吗？"，然后引出家的真谛——"放下负担的地方"，展现新媒体文案的主题"美的春节，身心同回家"，使用户产生共鸣，提升美的品牌的形象，提高用户对美的的好感度。

5. 确定文案可行性

在文案写作过程中，文案人员可通过微博热搜排行榜、百度热榜等途径获取关键词和素材。也可参考其他已完成的案例，从中寻找异同点，判断是哪些因素造成了它们的成功或失败，汲取经验。也可结合时下热点，将时下热点与产品结合。还可以搜索同行业的优秀文案，参考和模仿其风格。

文案人员在完成初稿后，可给身边其他人观看，问其文案主题、产品的亮点与卖点是否突出，是否具有足够的吸引力，如果答案是否定的，则根据建议进行修改，进一步提升文案的可行性与成功率。

1.3.3　元素组合法

新产品的诞生往往来源于不同元素之间的组合，如"午睡+枕头"就有了趴趴枕，"试色+线上"就有了AR化妆。因此，在写作新媒体文案时，文案人员也可以将不同元素组合起来，创作具有创意的文案。例如，麦当劳广告就将薯条盒开口的弧度和汉堡的圆形截面，与月亮联系在了一起，以此提醒用户麦当劳24小时营业，图1-8所示为麦当劳广告截图。

图1-8　麦当劳广告截图

1.3.4　金字塔结构法

金字塔结构法是指对思维进行梳理，将自己的多个想法按从上至下或从下至上的顺序排列出来，形成由同一思想统领的递进式结构。这种结构中既包含主题与子主题之间的纵向关系，也包含子主题与子主题之间的横向关系，能够帮助文案人员快速明白并找准文案的主题和中心论点，让文案逻辑清楚、条理明晰。

运用金字塔结构法写作的每一篇新媒体文案都具有独特的主题，且每一篇都是围绕其主题进行展开的。其针对主题设下论点，在论点下又设有论据，以层层解析。金字塔原理结构如图1-9所示。

图1-9　金字塔原理结构

文案人员能利用这个金字搭原理结构梳理文案的主题和卖点，并据此梳理各论点，再列出支撑各论点的论据，使文案结构明朗清晰。例如，使用金字塔结构法为一部电影写作推广文案，该电影以"温暖"为主题。那么文案人员就可以选择"电影故事情节""电影色调""电影角色"为论点，再分别根据论点列出论据，如针对"电影角色"这个论点，就可以选择某个角色的某个情节作为论据，进行写作。在这样的结构中，论点之间不能有重复，论据之间应各自独立。

该结构运用在新媒体文案中时表现为：若是短文案，结构就为总分关系；若是长文案，则结构就为总分总关系，即在结尾处比短文案多了对卖点的总结与强调的内容。

 案例分析：早期没有明显临床症状？慢性肾病可能正在逐渐杀死你的猫

随着养猫热潮的兴起，养猫的人越来越多，而猫的健康也成了"猫家长"的心事，微信公众号"猫研所"针对猫的慢性肾病，发表了一篇金字塔结构的新媒体文案《早期没有明显临床症状？慢性肾病可能正在逐渐杀死你的猫》，该文案从如何发现慢性肾病的问题讲起，向用户介绍了猫患有慢性肾病可能出现的情况，引出定期体检的重要性，再对体检的功能、局限性进行介绍，告知用户需要注意定期体检，并关注猫的饮水、排尿情况，

扫一扫

早期没有明显临床症状？慢性肾病可能正在逐渐杀死你的猫

一旦怀疑猫有患病可能，则需进行全面的评估，进而向用户介绍不同检查的功能、缺点，然后介绍判断猫的肾病严重程度对治疗具有重要意义，引出猫在不同肾病阶段的不同指标，完成向用户科普有关猫的慢性肾病的知识。图1-10所示为该新媒体文案的节选。

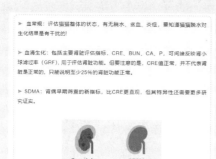

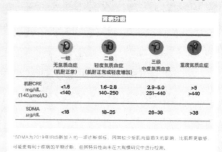

图1-10 该新媒体文案的节选

案例点评：这篇文案以"向用户科普猫的慢性肾病"为主题，先对猫的"慢性肾病"进行了简单介绍，然后将其分为如何发现猫的慢性肾病和如何确认猫的肾病的严重程度两个论点，对猫的慢性肾病进行介绍。其中，如何发现猫的慢性肾病又被分为临床表现、定期体检、关注饮水量和排尿量，以及全面评估4个分论点，对患有慢性肾病的猫的表现、猫定期体检的重要性和猫的全面评估所需诊断项目进行介绍，帮助用户了解、判断猫患病的方式及其用处。而如何确认猫的肾病的严重程度则被分为了肾病的分期、肾病分级和亚分级3个分论点，对

患病猫的不同表现、不同指标进行罗列，帮助用户了解诊断报告。这篇文案不仅能够提醒用户注意猫的身体健康，引发用户对于猫的慢性肾病的重视，还能给用户留下专业的印象。

金字塔结构从纵向来看是一种回答式或疑问式结构，它能够很好地吸引用户的注意力，迫使用户按照其思想进行符合逻辑的思考。在横向上则以演绎推理和归纳推理的方式回答用户的问题，使下一层的表述能够回答在上一个结构层次中表述所引起的疑问。这样的逻辑关系使组成金字塔的主题思想更容易被用户理解。

1.3.5 多维度发散思维法

多维度发散思维法综合运用横向思维、逆向思维、发散思维、辐合思维4种思维方式，使文案人员可以多角度地对文案的创意进行思考与想象。

- **横向思维**。横向思维是一种不受任何范畴限制，以偶然性概念来打破逻辑思维方式，从而创造新想法、新观点、新事物的创造性思维方式。横向思维最大的特点是打乱原本明显的思维顺序，从另一个角度寻求新的解决办法。例如，要写作一篇推荐秋冬款靴子的新媒体文案，就可以结合不同的角度，从质量、性价比、搭配风格等方面，针对不同用户的需求进行写作，为用户提供更多的选择空间，给用户留下更深的印象。

专家指导

换位思考是横向思维的常见表现形式，每个人都有自己的想法及思考角度，换位思考能让人从另一个人的角度看待问题，使文案具有不同的视角，达到推陈出新的效果。

- **逆向思维**。逆向思维也叫求异思维，它是对人们已有定论的或习惯的事物、观点进行反向思考的一种思维方式。其特点是"反其道而思之"，即从问题的反面进行探伸摸索，找出新创意与新想法。现在的新媒体文案和广告很多，如果文案大致相似，就很难给用户留下深刻印象，这就要求文案人员突破常规，提出不同的展示角度，使文案出奇制胜。例如，推荐某游戏App，其文案可以为"××App的缺点：我们开新服的速度，总是赶不上用户申请账号的速度"。
- **发散思维**。发散思维又称扩散思维、辐射思维，是指在创造和解决问题的思考过程中，从已有的信息出发，不受已知或现存的方法、规则和范畴的约束，尽可能向各个方向扩展，以求得多种不同的解决办法或衍生不同的新设想、新答案的思维方式。例如，要体现视频十分受欢迎，不仅可以从粉丝数量入手，还可以从视频播放量、点赞量、评论量以及评价入手。

- **辐合思维**。辐合思维又称求同思维和聚合思维，是指根据已知信息中产生逻辑结论，从现有资料中寻求正确答案的一种有方向、有条理的思维方式。辐合思维与发散思维正好相反，它是一种异中求同、由外向内的思维方式。聚合思维就是在众多的信息里找出关键点，然后对症下药，对核心卖点的提炼就是辐合思维的体现。

课堂活动

扫描右侧二维码，阅读微信公众号文案《今天，OPPO 正式加入美的朋友圈》，回答下列问题。
（1）该文章的主题是什么？
（2）该文章使用了哪种思维方式，是如何体现文章主题的？

扫一扫

今天，OPPO 正式
加入美的朋友圈

1.4 课堂实训

1.4.1 新媒体文案岗位分析

　　经济的持续稳定发展，以及广告市场规模的不断扩大，为传媒行业的发展奠定了基础，而随着新媒体的发展，其对新媒体文案人员的需求越来越大。现有一家传媒企业招聘文案人员，图1-11所示为某传媒企业的新媒体文案人员招聘启事，根据该招聘启事，试分析传媒行业新媒体文案岗位的相关信息。

职位描述：

1. 为对外推广的平台及自媒体提供文案支持。

2. 负责策划、撰写相关企业品牌传播软文、新闻活动稿件及媒体广告文字。

3. 完成部门宣传册、宣传单等资料的编写工作。

4. 结合公司各阶段营销推广计划，独立撰写各类策划文案。

5. 负责参与线上线下活动策划讨论，并根据领导要求进行广告文案创作。

6. 配合产品对平台文案进行策划，对产品进行营销包装。

7. 完成本部门领导临时委派的其他工作。

任职要求：

1. 大专及以上学历。

2. 具备自媒体内容编辑 2 年以上工作经验，熟悉微博、微信等互联网平台的使用方法。

3. 有较强的文字功底及逻辑能力，对网络热门话题有一定的敏感度。

图1-11　某传媒企业的新媒体文案人员招聘启事

1．实训要求

（1）要求分析图1-11所示的招聘启事。

（2）试分析传媒行业中的新媒体文案岗位。

2．实训步骤

根据实训要求，本例将结合传媒行业的发展状况，以及招聘情况对图1-11所示的招聘启事进行分析，以达到初步了解传媒行业中的新媒体文案岗位的目的，具体步骤如下。

（1）分析招聘启事。从岗位职责和任职要求两个部分进行分析，总结需要完成的工作类型，应具备的学历、经验、能力等，再结合两部分的内容，分析胜任该岗位工作需要具备的职业素养。

（2）尝试分析传媒行业中的新媒体文案岗位。在智联招聘、Boss直聘、前程无忧等招聘网站上，搜索"新媒体文案"，并限制行业为传媒行业，浏览不同企业对新媒体文案相关岗位的招聘描述，结合搜索的内容及本章所讲知识，从岗位职责、任职要求和职业素养3个方面对传媒行业的新媒体文案岗位进行分析。

1.4.2 选择合适的思维方法

假设你是某生活领域知名的"小达人"，你常以动图和视频的形式分享生活小技巧。现在需要针对厨房小技巧发布一篇新媒体文案，以提高微信公众号的知名度，增强与粉丝之间的联系。下面请你选择一种创意思维，以确定微信公众号文案的写作思路。

1．实训要求

（1）分析选择某种创意思维的原因。

（2）展示该种创意思维的思考过程。

2．实训步骤

根据实训要求，本例将针对厨房小技巧，选择合适的思维方法，确定微信公众号文案的写作思路，以达到提高微信公众号知名度，增强与粉丝之间联系的目的，具体步骤如下。

（1）选择创意思维方法。根据实训描述可知，微信公众号的内容以厨房小技巧为主题，而一篇内容丰富的微信公众号文案，其篇幅往往不会太短，这就要求该篇文案至少应讲3个小技巧，因此，可以选择金字塔结构法，思考文案的写作思路。

（2）展示思考过程。根据所选思维方法，结合本章所讲知识，简单描述文案的写作思路。例如，金字塔结构法的思考思路为：主题为"厨房小技巧"。一："洗"的小技巧，去除油污、快速洗碗；二：吃鸡蛋的小技巧，煮溏心蛋、快速剥蛋壳；三：切菜的小技巧，均匀切片、防止切伤。

1.5　课后练习

1. 假设你是某美食新媒体的负责人，工作室的文案人员将于半月后离职，现需招聘一名新的文案人员，请你列出该岗位人员需要完成的工作、任职要求和必须具备的职业素养。

提示：可在新媒体平台上搜索知名新媒体团队的招聘启事，分析对新媒体文案相关岗位的描述，再结合美食新媒体的特点完成本题。

2. 分析猫研所微信公众号中的新媒体文案，分析其文案风格、写作思路、创意思维等内容。

提示：可搜索猫研所微信公众号，浏览15天内发布的文案，从文案风格、写作思路、创意思维等不同方面进行分析。

第2章 新媒体文案的写作技巧

随着新媒体的不断发展，新媒体文案在营销市场上的作用越来越大。要想提高新媒体文案带来的经济利益，首要任务就是提高新媒体文案的质量，这就要求文案人员掌握一定的新媒体文案写作技巧，以吸引用户的注意力，引起用户共鸣，说服用户购买产品、关注品牌。

知识结构图

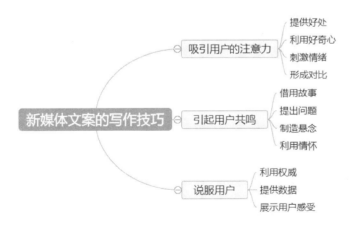

2.1 吸引用户的注意力

扫一扫 看微课

吸引用户的注意力

新媒体文案要想实现营销目标，就需要在第一时间吸引用户眼球，使用户对文案产生兴趣，进而查看文案的具体内容，然后通过具体内容吸引用户的注意力，并将产品或品牌的营销信息传递给用户，提高产品或品牌的形象，增加用户对产品或品牌的印象。下面将对吸引用户的注意力的方法进行介绍。

课堂讨论

（1）什么样的广告文案能够引起你的注意，这类广告文案一般具有什么特点？

（2）如果让你写一篇文案，你会选择哪一种写作技巧来吸引用户的注意力？

2.1.1 提供好处

不管是什么时候，人们总会不自觉地关注与自己相关的利益点，文案人员可以抓住用户的这种心理，在写作文案时从用户的切身利益出发，以达到吸引用户的注意力的目的。一般来说，文案人员可以从用户的不同心理需求出发，说明为用户提供的好处。

- **求实心理**。有求实心理的用户追求实用性，根据这种心理来写作新媒体文案，就需要体现产品或服务的实用性。例如，写一篇微博账号推广文案，需体现被推广的微博账号的定位，如微博账号"××美食频道"专注于家常菜教学，力求用简单的食材做出高水准的菜品。

- **求美心理**。拥有求美心理的用户更加注重新媒体文案所描述内容能否给其带来美感变化。针对这类用户，文案人员可从产品或品牌能够为用户带来的容貌、气质变化等方面进行写作。例如，写作某美白精华液产品的新媒体文案时，就可以突出其能够帮助用户美白补水，改善皮肤状况。

- **求名心理**。有求名心理的用户注重身份、地位、价值观的体现，文案人员可从历史、内涵、价值等方面入手，吸引用户的注意力。例如，为某中学写作招生文案时，就可以从该学校的历史、校训、曾经培养过的知名人物、升学率入手，吸引用户的注意力。

- **求廉心理**。有求廉心理的用户更关注性价比，在质量相同的情况下，这类用户更愿意选择付出更少的产品或服务。文案人员在写作新媒体文案时，可以抓住用户的这种求廉心理，突出显示文案内容的高性价比。例如，"集满100赞得价值200元的新款产品"就不如"转发即有机会免费获得价值200元的新款产品"具有吸引力，虽然两者的奖励相同，但"集满100赞"比"转发"需要付出更多的精力。

2.1.2　利用好奇心

人类生来就具有对未知事物的好奇心，而好奇心也正是寻求答案的动机。在新媒体文案中，如果文案人员能够妥善利用用户的好奇心，就可以快速引起用户注意，提高新媒体文案的关注度，增加浏览量。

根据引发方式的不同，好奇可以分为知觉性好奇、认识性好奇和人际好奇3类，下面分别进行介绍。

1. 知觉性好奇

知觉性好奇是指由视觉或听觉刺激引发的个体探索行为的好奇心理。利用知觉性好奇写作新媒体文案时，文案人员可通过不一样的或新推出的某种技术或某个概念引起用户的好奇心，从而引发用户进一步探究的欲望，最终提高文案的阅读量。

例如，腾讯公司在二十周年时发布的微博新媒体文案，就是借助用户的知觉性好奇，以腾讯全体总办人员出镜演唱吸引用户注意，向用户传达腾讯的理念"拥抱变化，全新出发"，图2-1所示为腾讯公司发布的新媒体文案。

2. 认识性好奇

认识性好奇是由知识的不确定性引起的，通过个体提出疑问、寻找答案获得知识的好奇心理。利用认识性好奇写作新媒体文案时，文案人员可通过妥善运用疑问句，来引起用户的好奇心，吸引用户查看新媒体文案。

例如，H5文案"这100件事，你完成了多少"借助用户对"这100件事"的不确定性引起的认识性好奇，吸引用户扫码观看，图2-2所示为H5文案的截图。

图2-1　腾讯公司发布的新媒体文案　　　图2-2　H5文案的截图

3. 人际好奇

人际好奇是由社会生活领域引起的社会性好奇，包括信息缺口好奇、兴趣关联好奇和社会比较好奇。

- **信息缺口好奇**。信息缺口好奇是指当前知识与想要获得的知识存在缺口时，用户产生的对信息缺口的好奇心。其能促使用户探索新信息，以弥补这个缺口。利用这种好奇心写作新媒体文案时，文案人员可通过先表述众所周知的内容，然后引出文案的主题。例如，为某品牌写作品牌故事文案时，可以先讲述该品牌现有的荣誉、成功案例，然后引出品牌背后不为众人所知的付出、产品研发运用的技术等。

- **兴趣关联好奇**。兴趣关联好奇是指当事物与自我喜好、自我需求等相关时产生的好奇心理。兴趣关联好奇会由于每个个体的兴趣、需求不同，而产生差异，因此，文案人员需要分析目标用户的喜好和需求，甚至是人际关系的紧密程度与好感度，以判断新媒体文案能够引起的用户好奇程度。例如，某微信公众号的目标用户是妈妈群体，那么想要引起该群体的兴趣关联好奇，就应该围绕育儿、产后护理，甚至是名人育儿经等展开话题。

- **社会比较好奇**。社会比较好奇是指将自己与他人的信息进行比较，发现自己在某方面缺失信息时，引起的想要了解他人的好奇心理。利用这种好奇心理进行写作时，需要先了解他人的信息，文案人员可结合知名人物或身边成功之人的故事，与社会常见情况进行对比，以引起用户的好奇。例如，"30天瘦身成功，我是怎么做到的""名人绝不会告诉你的变白小秘笈"等。

2.1.3 刺激情绪

刺激情绪是吸引用户注意力的一种行之有效的方法。人类的情绪一般由生活现象和人对事物的看法共同决定，是人类大脑可以感受到的，甚至可以影响记忆。心理学家保罗·艾克曼的研究表明，情绪可以分为喜、怒、哀、惧4种，在写作新媒体文案时，文案人员也可以利用不同种类的情绪，吸引用户的注意力。

- **喜**。喜是指喜悦，文案人员可通过向用户传达一种喜悦的情感，引起用户兴趣，吸引用户关注新媒体文案内容，提高文案转化率。例如，活动圆满成功的新媒体文案，就可以用"好消息""庆祝""撒花"等词，向用户表达喜悦的情感，吸引用户的注意力，提高关注度。

- **怒**。怒是指愤怒。文案人员要想刺激用户的愤怒情感，就需要借助某一矛盾性事件，且将事件的前因后果讲述清晰，表达自己的观点，并且新媒体文案应尽量还原事件本身，理性地分析事件过程。例如，微博头条文章《你即将穿上的婚纱可能是"偷"来的》，文案人员通过将自己在创业过程中的故事，以及被抄袭的无奈讲述出来，然后表达自己的观点"跟抄袭、山寨这样的不正当行为较量到底"。

- **哀**。哀是指哀伤。这类情感虽然也可以用在新媒体文案中，但一般不建议使用，以免带来负面影响。

- **惧**。惧是指恐惧。将恐惧用于新媒体文案，是一种较为常见的写作方法。

 专家指导

> 需要注意的是，在写作新媒体文案时，应尽量避免对哀伤和恐惧情感的使用，即使需要使用，也应注意避免负面词汇，防止出现负面效应。

2.1.4　形成对比

对比能够加强用户对信息的感官体验，甚至对比强烈的事物还能触发用户大脑的预警机制，吸引用户的注意力。文案人员在写作新媒体文案时，可以利用对比，使用户更确切、直观地感受文案的主题，常见的对比有使用前后对比和与竞争对手对比两种。

1. 使用前后对比

使用前后对比能够突出显示产品或服务的卖点，增强新媒体文案的说服力、可信度，提高用户转化率。这种对比方式十分适合需要长期使用才能看到效果的产品或服务，如护肤产品、线上课程、健身课程等。图2-3所示为使用某防晒霜后的前后对比效果。

图2-3　使用某防晒霜后的前后对比效果

2. 与竞争对手对比

与竞争对手对比，一般可以从产品材质、使用效果、性价比等方面进行，可以帮助目标用户人群了解产品或服务的优势，帮助用户选择更适合自己的产品或服务，提高企业或品牌在用户心中的好感度。图2-4所示为某物理除毛方式与化学除毛方式的对比。

图2-4　某物理除毛方式与化学除毛方式的对比

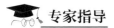专家指导

　　需要注意的是，不管选择何种对比方式，都应该围绕文案主题进行，使用户能够清楚找到文案重点。

2.2　引起用户共鸣

扫一扫　看微课

引起用户共鸣

　　当用户在阅读新媒体文案时，如果文案内容能够引起用户共鸣，使用户回想起自己过往生活中的某一时刻，或使用户认为与自己的三观较为契合，那么用户会更容易接受新媒体文案的内容，甚至愿意付出实际行为，购买产品或关注品牌。下面将从借用故事、提出问题、制造悬念和利用情怀4个方面介绍引起用户共鸣的方法。

课堂讨论

　　（1）你会在新媒体平台上看或讲故事吗，你对发布在这些平台上的故事有什么看法？
　　（2）什么样的故事更能引起你的共鸣？

2.2.1　借用故事

　　将新媒体文案的主题通过故事讲述出来，能够加强用户的代入感，使用户更容易产生情感共鸣，更容易理解文案想要表达的诉求，从而增强产品的销售量，提高品牌的关注度。借用故事写作新媒体文案，还可以加强用户与产品或品牌之间的联系，深

化产品或品牌的特色，使其与竞争对手产生差异，提高品牌价值。

在借用故事写作文案时，文案人员可以直接将产品生产过程中的故事讲述出来，也可以借用品牌用户与品牌之间的故事突出产品或品牌的特点，还可以通过讲述产品的设计灵感引起用户的共鸣。

案例分析：华为2020年校园招聘宣传文案

    2019年10月，华为在微博发布了2020年的校园招聘宣传文案，其借助文字和视频结合的方式，以全球华为工程师的研发故事为蓝本，讲述了3位平凡又满怀希望的年轻人的故事，以致敬每一个努力奋斗的人，吸引高校学生加入华为。该视频从"新的起点"出发，向用户展示了3位年轻人探索未知、拥抱风雨的过程。数据挖掘师A通过分析手稿、创建模型、利用代码，获得了"15分钟多维亿级数据挖掘"的成果；信息开发师B通过亲身体会盲人的生活，在3600个小时内，完成了信息的无障碍特性开发；基站调测师C独自驾驶车辆，每天奔波200千米，调测10个基站。视频前半段以反映这3位年轻人成功前的努力过程为主，以表现他们获得的成果为分界线，告诉用户在人生旅程上，应该"听见内心跳动的声音""找到属于你自己的路"，这条路"不由别人，而由自己构筑"。要想构筑这条路，则需要"做一个勇敢的人，做一个好奇的人，做一个坚定的人"，并且需要"保持热爱，与时间赛跑，拖着世界前行"。图2-5所示为该新媒体文案的截图。

图2-5　该新媒体文案的截图

案例点评：这个新媒体文案通过讲述华为工程师研发过程中的故事，引出了华为的理念——在逆境中勇敢突破，在时间中历练成长，并向用户发出了邀请，告诉用户"这里是新的起点，加入我们，与时间赛跑，拖着世界前行！"。这种借用故事的方法，可以使用户更容易理解视频要表达的理念，加深用户对华为的品牌印象，提高目标群体——高校学生对华为的认同感。

2.2.2　提出问题

大多数人看到问题时，往往会本能地理解、解决，因此，文案人员在写作新媒体文案时，可以提出问题，引导用户按照设置好的思路进行思考，从而引起用户的代入感，帮助用户接收文案主题，使用户重视文案，并做出反应。

例如，微信公众号文案"为什么你的底妆总是画不好？"，就很容易引起用户的反思。它根据"自己的底妆差是因为手法不对还是产品不好导致的？"引起用户对文案产生兴趣，从妆前工作、粉底、定妆一步步梳理底妆顺序，使用户接受文案人员推荐的相关产品。

一般来说，提出问题时，文案人员可以将其设置为选择题、填空题、反问题或是在陈述的基础上直接加上问号，这样就能够使新媒体文案具有较强的代入感，以锁定用户的实际需求。例如，"你会选择左先生还是右先生？""你为什么这么累？因为……"

2.2.3　制造悬念

制造悬念与借用故事类似，都需要借助故事的作用，以吸引用户关注文案内容，再通过故事发展顺势引出新媒体文案的主题，获得用户的好感，提高产品或品牌的形象。

在写作新媒体文案时，文案人员往往需要自己制造合适的悬念，常见的方法有设疑、倒叙和隔断。

- **设疑**。设疑是指在写作新媒体文案时，先设置一个疑问，然后将该疑问随着文章的展开逐层剥开。
- **倒叙**。倒叙是指将用户感兴趣、关注的东西先描述出来，接下来再叙述前因。
- **隔断**。隔断是指在叙述头绪较多的事时，将已经引起了用户兴趣、想要继续了解后面的线索中断，改叙另一条线索，使用户惦记的前一条线索形成悬念，进而勾起用户继续阅读的兴趣。

此外，文案人员还需要注意以下4点。

- 不要早早揭开迷局，应该随着故事情节的深入而层层揭密。
- 重视用户的感受，从用户的角度来安排情节。
- 应该有一些激烈的冲突，以强化故事情节。
- 答案要符合常识，不能前言不搭后语，漏洞百出。

2.2.4　利用情怀

情怀指人的心境或心情，在新媒体文案中，利用情怀可以将目标用户群体带入特定的情景，引发具有相似经历用户的共鸣。情怀是一种概括性概念，包含许多不同种类的情感倾向，如文艺、怀旧等。文案人员可以采用不同的写作角度，营造新媒体文案需要的氛围，激发用户心中相关的情怀，引起其共鸣，达到营销目的。

例如，寺库发布的"一场充满青春味道的婚礼"H5文案就为用户展示了曾经的QQ闪动加载页面、聊天文字、表情、好友列表、聊天界面等，用户可以通过为QQ秀人物选择喜欢的婚礼装扮，生成婚纱照海报，查看所有产品总价。寺库的H5文案就利用了用户对QQ的回忆，向用户展示了其平台的功能和服务内容，能够将用户带入曾经使用QQ时的场景，激发用户的怀旧情怀，使用户更容易接受营销信息。图2-6所示为寺库发布的"一场充满青春味道的婚礼"H5文案的截图。

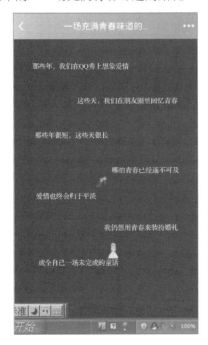

图2-6　寺库发布的"一场充满青春味道的婚礼"H5文案的截图

2.3 说服用户

人在面对新事物时，往往会先判断事物的风险、真假，当确定该事物值得信任后，才会采取行动，因此，文案人员需要利用权威、提供数据或展示用户感受，说服用户信任文案内容，从而达到营销目的。

2.3.1 利用权威

扫一扫

反权威

权威指有威望、有支配作用的力量，人们对于权威往往采取一种服从、信任的态度。在新媒体文案中，文案人员利用权威的影响力，可以消除用户的疑惑，使用户对文案所叙述的内容产生信任感。下面将分别从权威个体及组织、权威标志、权威认证、权威实际运用和权威附着5个方面进行介绍。

1. 权威个体及组织

权威个体及组织是指行业内具有发言权的个体或组织单位，这类权威往往只专注于某一特定领域，且并非所有用户都了解其在该领域的贡献。

2. 权威标志

权威标志是指达到了国家权威相关部门推出的行业标准才能使用的标志。例如，食品行业的绿色食品认证标志、有机食品认证标志、无公害农产品认证标志、QS企业食品生产许可标志等。

3. 权威认证

权威认证是指由权威机构认证并颁发的相关证书、报告。权威机构则需要由国家认证承认，并具有鉴定、颁发证书的能力，如此其颁发的相关证书才具有权威性。例如，中国地质大学颁发的珠宝鉴定证书、中国质量认证中心颁发的质量检测报告等。

4. 权威实际运用

在利用权威时，文案人员可以利用权威个体及组织、权威标志以及权威认证来证实新媒体文案的权威性，也可以将个人或品牌培养成相关领域的权威，增强自身的影响力，使用户在特定方面依赖于专业权威的知识。例如，keep（自由运动场）既是运动健身方面的权威之一，也是运动类品牌，其塑造的权威形象，使用户在查找线上运动教程时更容易联想到该品牌，并直接下载其App。

5. 权威附着

权威附着是指产品或服务在刚推出时可能没有任何强有力的说服力，但该产品或服务如果能够得到某一行业权威企业的认同，那么就可以拥有与权威相同的说服力。例如，市场上出现了某个新的珠宝品牌，虽然用户还未看到该品牌的实力，但如果其刚出现就可以和排名靠前的珠宝品牌合作，那么用户就会更容易接受该珠宝品牌。

 专家指导

> 在利用权威的时候，文案人员应该将权威的地位清楚地塑造出来，这样才能获得用户的认可。

2.3.2 提供数据

数据可以增强新媒体文案的说服力，增加用户对文案的理解速度，加深用户对新媒体文案的印象，并且提供的数据还能更为理性地证明文案的真实性和可靠性。

文案人员可通过分析产品或品牌的卖点，锁定核心卖点，结合提供的数据，简单、有效地向用户展示卖点，提高产品的销售量。例如，OPPO R7的新媒体文案为"充电五分钟，通话两小时"，其产品核心卖点是"充电快速"。美的空调的新媒体文案为"一晚仅需一度电"，其产品核心卖点是"省电"。

在使用数据时，还需注意，文案中数据的精确性越高，能够达到的效果就越好，特别是涉及产品成分的数据，还能够给用户留下一种专业的感觉。例如，象牙牌万能皂的文案为"99.44%的纯粹"，其核心卖点是"99.44%的纯粹"。

2.3.3 展示用户感受

展示用户感受可以从较为中立的角度展示产品或服务的优势，这种方法利用的是人们的从众心理，它既能激发用户的购买欲望，又能赢取用户的信任。

文案人员通过展示用户感受写作新媒体文案，可以直接在新媒体平台上搜索不同用户对产品的评价，选择合适的、与产品核心卖点契合的评价，融入文案，使文案更具真实性。也可以采用街访的形式，询问用户的看法，记录真实的用户使用感受，并在文案中体现出来，从而赢得用户信任。

例如，冷酸灵与小龙坎推出火锅牙膏时，就采用了街访的形式，在街头随机邀请用户参与挑战，并记录用户在使用牙膏中的感受、使用后的想法，以证实火锅牙膏既具有真实的火锅味，又能够保护牙齿、抗敏感。图2-7所示为街头采访视频截图，图2-8所示为冷酸灵官方微博转发的用户评价微博。

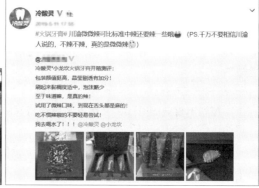

图2-7 街头采访视频截图　　　　图2-8 冷酸灵官方微博转发的用户评价微博

2.4 课堂实训

2.4.1 写作店铺开业的新媒体文案

随着电商平台的发展，人们越来越喜欢在网上购物，实体店的压力也就越来越大。假设你新开了一家售卖饰品的实体店，现在你需要写一篇店铺开业的新媒体文案，并将文案发布在微信、微博、社群等新媒体平台上，以吸引用户的注意力，增强店铺人流量和热度，提高营业额。

1. 实训要求

（1）要求至少使用一种吸引用户注意力的方法写作新媒体文案。

（2）要求将店铺的营销信息准确地传递给用户。

2. 实训步骤

根据实训要求，本例将为饰品实体店写作开业文案，以达到吸引用户的注意力，增强店铺人流量和热度，提高营业额的目的，具体步骤如下。

（1）选择合适的写作方法。根据本章所讲知识，结合店铺特点，选择合适的、能够吸引用户的注意力的方法。例如，新媒体文案的主题是店铺开业，那么要想吸引用户的注意力，就可以为用户提供相应好处，以利益吸引用户；或利用用户的好奇心，使用户对店铺产生好奇，从而关注店铺开业的相关事宜。

（2）罗列文案所需的营销信息。将与店铺开业相关的、想要传达给用户的营销信息罗列出来，包括店铺地址、开业时间、店铺性质、用户可以获得的好处，甚至是店铺内售卖产品的特色等。

（3）写作新媒体文案。根据选择的写作方法，结合罗列出来的营销信息，写作完整的新媒体文案。例如，好消息，××店铺开业啦！开业当天，所有产品9折优惠！本店售卖产品：（图）开业时间：2020年12月××日上午9点整。店铺地址：××市××区××街道××号。欢迎来购！

2.4.2 写作推荐类新媒体文案

假设你是某电影推荐类的自媒体人，应粉丝要求推荐不同类型的电影，帮助有不同需求的粉丝寻找并选择合适的电影观看。下面你决定先向粉丝推荐经典职场电影《穿普拉达的女王》，现需要你针对该电影，写作一篇推荐类新媒体文案，吸引粉丝观看电影，增强账号的凝聚力，提高影响力。

1. 实训要求

（1）要求结合电影情节对电影内容进行分析。

（2）要求结合社会现状写作文案。

（3）要求完成后的文案能够引起用户共鸣。

2. 实训步骤

根据实训要求，本例将对经典职场电影《穿普拉达的女王》进行推荐，吸引用户观看电影，达到增强微博账号影响力的目的，具体步骤如下。

（1）结合社会现状，选择合适的电影情节。《穿普拉达的女王》属于职场类电影，在写作前，应先分析现代社会职场的大环境，结合职场的特点，选择主角在面试、工作中遇到的困难、转变等不同情节，并将其融入新媒体文案。例如，现在人们在找工作时，往往很难遇到自己喜欢的岗位，在面试过程中自己引以为豪的经历，常常无法为自己取得优势，针对这种情况，就可以选择主角面试助理工作的片段进行分析。

（2）确定引发用户共鸣的方式。根据选择的电影情节、文案主题等，妥善选择借用故事、提出问题、制造悬念或利用情怀等方法，引起用户共鸣。例如，选择借用故事的方法，就可以通过讲述朋友或自己在找工作、面试时的故事，勾起用户这方面的回忆，引起用户共鸣。选择提出问题的方法，就可以在开篇以"你在面试时，遇到过什么无奈的事？""这是不是面试时的你？"引入话题，然后讲述电影情节。

（3）完成新媒体文案的写作。结合选取的电影情节，将其用合适的语言串联起来，并针对电影内容发表自己的看法，完成整个电影推荐的新媒体文案写作。

2.4.3 写作产品推广的新媒体文案

假设你是某珠宝品牌的文案人员，公司前段时间从国外重金购入一批宝石，并邀请知名设计师为这批宝石设计了3套首饰图，将其制造成了成品首饰，现公司决定将这批首饰展示在公司官网进行售卖，需要你为这批首饰写作产品推广的新媒体文案，以增强用户对产品的信任感，提高产品的知名度，促进用户购买产品，增加销售额。

1. 实训要求

（1）要求结合权威，消除用户的疑惑。

（2）要求提供数据，增强用户的信任感。

2. 实训步骤

根据实训要求，本例需要为这批用宝石制作的首饰写作产品推广的新媒体文案，以达到提高产品知名度，增加产品销售额的目的，具体步骤如下。

（1）分析产品的特点。在分析产品的特点时，可从产品整体、产品原料、设计、价值等方面展开。例如，从整体来看，该产品给人一种优雅、尊贵之感，能够为佩戴者加分；从原料上看，该产品以从国外重金购入的宝石为原料，每颗宝石都晶莹剔透，具有观赏价值；从设计上来看，该产品由知名设计师设计，既有艺术价值，也有欣赏价值。

（2）解析产品可以利用的权威。产品的权威性，可以从产品原料、产品设计、产品整体等不同方面加以体现。例如，构成产品的宝石每一颗均有鉴定书，对其质量、重量、价值等进行记录；产品设计图由知名设计师设计，该设计师曾获得国际设计类大奖——××、××和××，是国际上知名的首饰设计名家。

（3）了解产品可以提供的数据。产品可以提供的数据一般包括宝石数量、宝石重量、宝石价值、金或银占比等。例如，该产品由999足金作为底座，镶嵌3克拉宝石5颗，每颗价值均在10万元左右。

（4）完成新媒体文案的写作。抓住产品推广新媒体文案的主题，结合产品特点，利用权威和数据，完成整个文案的写作，加强用户对产品的信任感，促进用户的消费行为。

2.5 课后练习

1. 通过互联网，搜索老干妈发布的新媒体文案"拧开干妈"，分析该视频中采用的写作技巧。

提示：可结合百度、搜狐等搜索网站，以及微博、微信公众号、知乎等新媒体平台上的相关文章，从文案本身、背后表达的情感等方面进行分析。

2. 如下所示的新媒体文案为某口腔医院呼吁人们关爱牙齿的文案，要求对其进行优化，加深用户对新媒体文案的印象。

自信的笑容，来自于漂亮的牙齿。

3. 假设你运营了一个写作技巧类的微信公众号，请你通过回答知乎问题"有什么适合宝妈赚钱的方式？"，为微信公众号吸引更多粉丝。

提示： 可从提供好处、利用好奇心、借用故事、提供数据、展示用户感受等不同方面进行写作。

第3章 新媒体文案的写作方法

学习目标

　　一篇完整的新媒体文案，一般包括标题、开头、正文和结尾4个部分，用户在浏览时，也常按照这个顺序进行阅读。其中，标题是用户对新媒体文案的第一印象，决定了用户是否点开文案全文，开头和正文决定了用户是否能够接受新媒体文案传达的主题，而结尾则决定了用户是否会采取相应的行动。要想新媒体文案达到预期的营销目标，甚至有所超越，就需要依据这4个组成部分进行文案的具体写作。

知识结构图

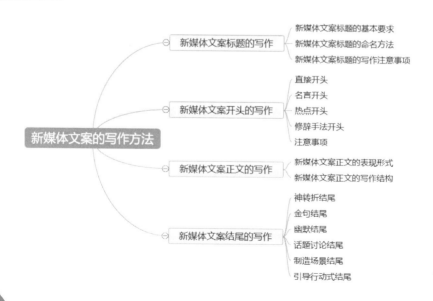

3.1　新媒体文案标题的写作

扫一扫　看微课

新媒体文案标题的
写作

　　新媒体文案的标题，一般由文案的主题决定，常常是文案内容的高度概括，与文案内容息息相关。文案标题的主要作用是吸引用户的注意力，使用户对文案内容产生兴趣，进而阅读文案全文。本节将从新媒体文案标题的基本要求、命名方法和写作注意事项3个方面对新媒体文案标题的写作方法进行介绍。

　　（1）生活中我们经常看到的文案标题都有什么特点？
　　（2）你更喜欢哪些类型的标题？

3.1.1　新媒体文案标题的基本要求

　　新媒体文案的标题是用户浏览文案时，最先看到的部分，其好坏直接影响着文案的点击率，因此，要想新媒体文案能够达到营销效果，就必须增强文案的吸引力。一般来说，文案人员可从真实、有趣、有痛点和用语通俗化4个方面，提高新媒体文案标题的吸引力。

1. 真实

　　真实是写作新媒体文案的第一准则，文案人员必须让用户准确地接收新媒体文案想要表达的信息，才能与用户建立起真实稳定的联系，增强用户的凝聚力。

　　如果新媒体文案的标题与实际内容不符，很容易使用户产生被欺骗的感觉，甚至会使用户感到愤怒，进而取消关注。例如，新媒体文案的标题为《我的瘦身小妙招，免费教给你》，查看全文却发现其所谓的小妙招总结起来，只有"节食"二字，这种老生常谈的减肥妙招，瞬间就能让用户产生一种"我要是能做到节食，还需要瘦身吗？"的不满，从而对该新媒体文案留下负面印象。

　　当然，如果新媒体文案的标题是从降低用户预期的角度来写的，而文案内容却很精彩，也可能给用户留下较好的印象。例如，某微信公众号在更新前一天说有事无法更新，尽量排除意外在第二天更新，然而第二天却发布了一篇标题为《论如何优雅地放鸽子》的新媒体文案，用户在看到该标题时，十分容易产生不满；然而打开全文进行阅读时却发现其具体内容十分丰富，并且结尾处还有文案人员发布的一些真心话，此时用户随着阅读的深入对文案的好感度逐渐提高，对微信公众号的印象也越来越好。

2. 有趣

如果说真实是新媒体文案标题的首要要求，那么有趣就是新媒体文案标题吸引用户注意力的重要原因。一个有趣的标题，可以更大限度地引起用户的阅读欲望，吸引用户查看具体的新媒体文案内容，为文案带来更多阅读量。文案人员可根据文案主题，结合标题的写作方法，将文案主题以趣味性语言展示出来，使标题更加生动、有趣。

例如，一个讲述不同新媒体平台的文案，以《我眼中的抖音、快手、网易、腾讯和阿里》为标题，虽然遵循了真实的原则，但却无法引起太多用户的注意，而以《抖音忘我，快手快乐，网易雅痞，腾讯和阿里是两个不同时代的人》为标题，则更容易引起用户的兴趣。

3. 有痛点

新媒体文案在写作时，需要抓住用户的痛点，以痛点触动用户。在写作标题时，文案人员需要找准文案的关键点，如与用户切身相关的利益、文案正文的关键信息等，使用户认为文案标题具有一定的信息量，从而吸引用户查看文案正文。

例如，《斯凯奇59元！Nike3折！美到爆炸！我全都要！赶紧买买买！》就是利用数字阐述用户可以得到的利益，以此抓住用户痛点，增强标题的吸引力。《生肉入门问题全解答！如何安全简单地喂猫吃肉？》就是抓住了养猫用户关于生肉喂猫的痛点。《一组只有女生能懂的漫画！谁在监视我的生活？》则是站在女性用户角度，以"谁在监视我的生活"引起用户共鸣。

4. 用语通俗化

用语通俗化是指标题的语言尽量通俗易懂，以降低用户理解标题的难度，帮助用户节约阅读时间，给用户留下较为正面的印象。切忌使用太多长句和专业语言，这会加大用户理解的难度，使用户产生不耐烦的心理，进而放弃继续阅读正文内容。

例如，以《父母与孩子之间的问题在于沟通》作为文案标题，会给人一种太严肃、正式的感觉，进而使用户产生抵触心理。而以《妈，有本事！再骂我一次！》作为文案标题，则会让用户觉得更亲切，更愿意查看文案正文。

专家指导

总之，在进行标题设计时，要尽量将新的、重要的、吸引人的、精彩的、用户关心的信息放在标题中，这样才会让用户愿意看、喜欢看甚至是迫切想看。但标题再好也要注意与内容相结合，不要文不对题，让用户产生失望感。

3.1.2　新媒体文案标题的命名方法

一个优质的新媒体文案标题，可以提高文案的传播效果和营销效果，在写作文案标题时，文案人员可以选择合适的命名方法，对标题进行优化，使标题更加出彩。下面将对常用的标题命名方法进行介绍。

1. 宣事式

宣事式标题是指直接点明宣传意图的标题，这种标题常选择开门见山的方式，宣告某事项或告诉用户能够获得的利益或服务，让用户一看标题就知道该文案的主题是什么。常见的宣事式标题如下所示：

《春日福利放送|满199元送外套！》

《潮流女鞋|把诗意穿在脚上，爆款低至59元，专区买2双减50元》

《双12真福利|288件好物免费送！》

《上新|睡眠、居家、外出、度假……一件就够了》

《【开奖啦】是圣诞节抽奖哦！》

宣事式标题常用于折扣促销活动、产品上新以及抽奖活动等，它将文案要点直接在标题上显示出来，让人一目了然，宣事式是使用频率较多的标题形式。

2. 恐吓式

恐吓式标题通过恐吓的手法来吸引用户关注，特别是对心里有某种担忧的用户来说，恐吓式标题可以引起他们的危机感，进而对文案进行浏览。恐吓式标题可以有一定的夸张成分，但不能扭曲事实，要在陈述某一事实的基础上，引导用户意识到他从前的认知是错误的，或是产生一种危机感，这样才能引起用户对所推广产品或服务的认同感。恐吓式标题可以参照下面的写法：

《这种化妆刷比马桶还脏！你还敢用吗？》

《6个卫衣雷区警告！别再这样穿！》

3. 提问式

提问式标题是指用提出问题的方式，吸引用户的注意力，引起用户对该问题进行思考，并产生想要查看文案正文一探究竟的想法，以加深用户对文案的印象。但值得注意的是：在考虑要提出的问题时，应从用户关心的利益点出发，这样才能引起用户的兴趣，不然就很可能会让用户产生"关我什么事""与我无关"的想法，提问式标题可以是反问、设问，也可以是疑问，图3-1所示为提问式标题。

图3-1所示为永辉超市2020年元旦发布的微信公众号文案的截图，该微信公众号文案以不同用户过元旦的方式展开叙述，引出"怎么开心怎么过！"的话题，顺势向用户介绍永辉超市元旦活动，利用用户对元旦不同过法的好奇，引起用户对文案正文的好奇。

图3-1　提问式标题

此外，还有以下文案标题可作为提问式标题的参考：

《还有这种洗发水广告？》

《为什么说良品铺子上市纪录片很优秀？》

《比"双十一"还大的折扣？我怎么才知道！》

4. 猎奇式

猎奇式标题是指利用人们的好奇心理和追根究底的心理，促使用户点击文案进行查看。这类标题的主要目的是吸引人们的眼球，所以写作时文案人员可以从背离平常人思想的切入点进行标题的写作，如《一年稳赚2000亿元，她是中国最狠的女销售》等让人觉得匪夷所思的标题就是猎奇式标题。图3-2所示为猎奇式标题。

我一个瘫痪6年的朋友，刚打电话给我说他站立起来了

2020年2月12日

图3-2　猎奇式标题

5. 对比式

世界上并没有独立存在的单一事物，任何事物都是在相互联系中由多种因素构成的。对比式标题就是了解当前事物的某个特性，将其与与之相反的或性质截然不同的

事物进行对比，通过这种强烈的对比引起用户的注意。例如，《不用芋头的芋圆，比"珍珠"好吃百倍！》和《"蚕丝被"和"棉花被"哪个好？当初不懂，很多人后悔买错了》等。

我们也可以进行同品牌不同产品相同功能的比较，如《红米k30 Pro和小米10如何选择》。或者是与行业内不同品牌的同质产品进行比较，借助两者之间的差异来突出自己产品的高性价比，如《林肯和凯迪拉克相比，哪个更值得买》和《星巴克的咖啡和雀巢的咖啡相比品质如何？》。这些标题就是通过与同类产品的对比来突出所推广产品的性能和特点的。

6．标语式

标语式标题主要由广告的名字或品牌（大都为系列性的）构成，常常以简短有力的方式进行展现。标语式标题常常与产品、知名度很高的公司或系列品牌挂钩，有助于产品的销售。常见的标语式标题如下所示：

《金雀翩飞，邂逅新生》

《华为MWC2020，等你破译》

《拯救发际线，一套就"购"了》

7．新闻式

新闻式标题比较正式且具有权威性，主要以报告事实为主，是对近期发生的有意义的事实的一种表述。一般多用来告知用户最近的某些事实变化，包括新产品发布或生产企业的新措施等，目的在于使用户关心而转读正文，图3-3所示为新闻式标题。

图3-3　新闻式标题

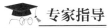 专家指导

若是推新的新闻式标题，其推出的新消息一般可包括新产品的问世、旧产品的改良和旧产品有新应用等。

8．证明式

证明式标题以见证人的身份阐释产品或品牌的好处，增强用户的信任感，既可是自证，也可是他证。该类型标题常使用口述的方式来传递信息，语言自然通俗。常见的证明式标题如下所示：

《吐血整理！这些亲测有效的美白方法你都尝试了吗？》

《150只猫、9年实验证明：这几种猫更容易长胖》

9. 号召式

号召式标题用鼓动性的话语号召人们做出某种决定或行为。这种标题的语言要具有暗示性和指向性，能让用户受到语言的鼓动性，做出标题要求的某种行为。号召式标题一般以动词开头，但在写作时文案人员要注意用语委婉，避开用户不愿意受人支配或命令的心理特点。常见的号召式文案标题有《是姐妹就买这个！》《每个宅家的人都要学会这道电饭煲食谱》等。

10. 悬念式

悬念式标题与猎奇式标题类似，但猎奇式标题侧重于用鲜少听闻的、让人比较震惊或是不合常理的消息去博取关注，而悬念式标题则侧重于借助某个点去引起人们的好奇和思考，让用户带着问题去阅读，在其中探索答案。

例如，某美食自媒体的新媒体文案标题《微波炉牛肉干？剩饭仙贝？自制零食是你想象不到的简单的事！》，就能够引起用户对于"自制零食"的好奇心，使用户对"自制零食是你想象不到的简单的事"产生浓厚的兴趣，对该新媒体文案留下深刻印象。此外，悬念式标题还有以下的类型：

《互联网公司玄学档案（内部机密版）》

《照相馆里的八个遗憾》

《那些成年人偷偷攒起来的秘密》

《饺子是热水煮还是冷水煮？很多人做错了……》

《你的2020关键词是什么？》

11. 颂扬式

颂扬式标题用正面、积极的态度，对产品或服务的特征、功能进行适度、合理的称赞，以突出产品或服务的优点。例如，《"老爹鞋+猫爪鞋"多色+好看！秒变大长腿！》，以及百雀羚补觉面膜的新媒体文案标题《给肌肤补觉，睡美人膜法说了算》。

🎓 专家指导

这类标题对表述的要求较高，文案人员应以事实为依据，避免出现自我炫耀、夸大等不真实的情况，从而引起用户的反感。

12. 数字式

数字式标题利用确切的数字，将文案主题表达出来，以增强文案的可信度，使用户产生强烈的阅读欲望。数字式标题可以借助数字，增强文案的条理性和可信度。常见的数字式标题如下所示：

《3招学起来　让孩子轻轻松松吃饭》

《男生有女朋友后才知道的100件事！》

《"手机持续放价"荣耀V10低至2079元限时抢|抢1000元手机券》

13. 话题式

话题式标题能够引起用户讨论，容易被广泛传播。话题式标题离不开网络热词和热门影视，如"人类迷惑行为大赏""朋友圈电饭煲蛋糕大赛""我太难了""跑道房""挖掘机户型"等。这些话题出现时，曾一度引起全国人民的热烈追捧和讨论，也频繁地出现在餐饮美食、娱乐场所和房地产等领域。一个个与此相关的文章标题也充斥在微博、微信朋友圈中，引起用户的大量转发、传播，其点击量、转载率与分享效果成为无数商家的参考依据。

话题式标题需要紧跟热点，且必须具备时效性。应在满足用户阅读需求的前提下，传递品牌的文化与风格，并引导用户，让用户接受所传输的观点。常见的话题式标题如下所示：

《"夜读"我太难了，但我从未想过放弃》

《房型不好装修救，可这样的挖掘机奇葩户型你见过吗？》

3.1.3　新媒体文案标题的写作注意事项

标题是整个新媒体文案中用户首先注意到的部分，其重要程度不言而喻，在写作过程中，文案人员应注意以下5个方面的内容，以更快更好地写出优秀的文案标题。

- **简短明了**。文案标题一定不能太长，否则容易让读者产生沉闷的感觉。标题的内容必须通俗明了，不要出现生僻词汇或隐晦的词语。

- **主旨明确**。新媒体文案标题的具体内容应该与实际写作的文章内容相关联，是新媒体文案正文内容的高度概括，并且通过标题使人们可以快速知道文章的主要内容和信息，激发用户的阅读兴趣。此外，文案人员应注意不能为了吸引用户注意而做一个只专注标题不注重内容的"标题党"。

- **引人注目**。对标题的字体、字形、位置和版式等应尽量从艺术和视觉美观的角度设计，让用户在看到标题时有眼前一亮的感觉，但一些比较严肃的文案标题则要表达出沉重、端正的感觉。需要注意的是，面对不同的文案宣传对象，文案标题的写作和设计也要具有针对性，充分发挥标题的作用。

- **有个性。** 现在网络中的很多文章，内容千篇一律，在这种情况下设计一个独树一帜的标题，无疑会优先吸引用户的眼球。因此，标题要充满创意，不能太过平庸，以达到与众不同的效果。例如，采用"至IN中国风，竟然来自紫禁城？"作为标题，就比采用"源远流长的中国风""那些被中国风统领的时尚秀"作为标题更有"爆点"。

根据下列要求，写作新媒体文案标题。

（1）主题为"养发护发"，内容主要讲解产品推荐和使用方法。

（2）为用户推荐征收稿件的杂志，及其征稿渠道。

（3）对以"耗电低，温度调节快速"为卖点的空调，进行产品上新预告。

3.2　新媒体文案开头的写作

扫一扫　看微课

新媒体文案开头的
写作

　　一个精彩的开头，可以更好地起到启下的作用，再次增强用户的阅读兴趣，吸引用户继续阅读文案正文，使文案正文的价值能够得到体现。下面将从直接开头、名言开头、热点开头、修辞手法开头和注意事项5个方面对新媒体文案开头的写作方法进行介绍。

　　（1）哪种开头更容易吸引你的注意？

　　（2）如果你是文案人员，你会采取哪种方法写作文案开头？

3.2.1　直接开头

　　直接开头是指在开头就直截了当地奔向文案主题或点明要说明的对象，这种开头方法要求快速切入文章中心，将文章需要表达的内容直接描述给用户。若是推广某产品，就需要马上表述某产品或服务是什么，有什么好处，能解决什么问题等。这种写作方法常以标题为立足点进行直接的阐释，避免用户产生心理落差和跳脱感。

　　例如，新媒体文案《〈完美关系〉热播，公关圈怒了！》，为表达对该热门影视剧的不满，其开头就将主题思想直接表达了出来。其开头如下所示：

以危机公关、"问题解决者"形象作为切入口的公关行业题材剧《完美关系》，在开播几日后，迎来了公关人的集体吐槽。

若标题为疑问句，则开头应为对标题问题的相关阐释。例如，新媒体文案《一杯拿铁咖啡到底值多少钱？》，其开头直接是对拿铁咖啡名字的由来做出介绍，具体如下所示：

"Latte"在意大利语中是"牛奶"的意思，后来被我们翻译成了拿铁，拿铁咖啡的制作过程为，在浓缩咖啡（Espresso）中注入已经利用咖啡机打发好的牛奶（绵密细泡有光泽），再由咖啡师通过熟练的手法混合两者后在顶层绘制图案。

若文案与活动相关，则可以参考OPPO为推广Reno Ace手机而推出的H5文案《Reno Ace宇宙大闯关》，其直接在文案开头给出"开始游戏"和"预约Reno Ace"两个选择，将文案主题展示出来。

3.2.2　名言开头

名言开头即在文章开头使用名人名言等凸显文章的主旨及情感。名言一般具有言简意赅的特点，运用得当不仅能充分展示文案主题，还会让用户觉得撰写者有文采，使文案充满吸引力。名言开头是一种既能吸引读者，又能提高文案可读性的方法之一。

例如，在知乎"有哪些适合学生的风衣？"问题下，一位答主就以"授人以鱼，不如授人以渔"作为开头，向用户表明自己的回答以"如何选择风衣"为主题，并利用图片水印，吸引用户关注其微信公众号。

专家指导

使用名言作为开头，切记不要牵强附会，强拉关系。

3.2.3　热点开头

利用热点开头，可以在短时间内快速吸引更多用户的注意力，是写作新媒体文案时较为常用的方法。例如，在推荐口红时，文案人员可借助近期热播影视中的角色美照进行分析、推荐，为用户"种草"。在介绍家装时，也可以借助名人家装、影视剧中的装修为实例，作为自己家装推荐的佐证。

例如，以年会穿搭指南为主题的新媒体文案《小黑裙万能？我觉得不行》，就借助了当下的热点"某名人活动红毯造型"作为开头，从该名人惊艳亮相使许多用户喜爱开始讲起，分析哪类用户适合穿小黑裙，引出不同的皮肤色调，进而讲述不同用户适合的妆容、穿搭等，从各方面帮助用户分析合适的年会礼服。

一般来说，从微博热搜获取热点信息是比较快的渠道，文案人员可从今日头条、百度风云榜、天涯社区、搜狗热搜榜、360热榜、豆瓣、知乎等获取信息。

3.2.4　修辞手法开头

修辞手法有很多，包括比喻、夸张、排比、比拟、对仗等，文案人员通过对修辞手法的运用，可以让新媒体文案开头变得更加生动。例如，百雀羚庆祝新年的新媒体文案《年味来袭！你的新年礼盒请查收》在开头就使用了对仗的修辞手法，提高了文案的趣味性，具体如下所示：

烟花爆竹迎新岁，红妆红礼贺新春。

3.2.5　注意事项

用户在阅读新媒体文案时，并不是被标题吸引后，就会认真地对正文内容进行浏览，而是先看开头，由开头判断该文案对用户有没有吸引力，从而决定是否继续阅读。因此，文案人员在写作新媒体文案开头时，应该注意避免废话、控制节奏、明确观点和打开认知缺口，以提高开头的吸引力。

1. 避免废话

在写作新媒体文案时，如果开头全是废话，无法让用户从中获得有意义的内容，就会引起用户的反感，造成用户流失，给用户留下坏印象。在碎片化的时代，阅读多以速读为主，只有有观点、有问题、有故事、有主题的开头，才能够更好地吸引用户的注意，以达到更好的营销效果。文案人员在写作完开头后，可以自己多读几遍，对其中的问题进行修改，优化开头用语，减少废话，也可以邀请身边的朋友、家人等阅读，提出意见。

2. 控制节奏

除了废话，拖拉也是开头必须避免的问题，文案人员在写作新媒体文案开头时，必须掌握好节奏，通过恰当的节奏，调动用户的情感，快速引入文案正文，使用户欲罢不能。

3. 明确观点

新媒体文案的重点在于拥有明确的观点，用户只有在开头中获取文案的观点，才会愿意继续阅读文案。在写作新媒体文案开头时，文案人员可以将关键词、关键点罗列出来，然后围绕该关键词或关键点进行扩展；或者在写完新媒体文案开头后，找出关键词、关键点，对比不同的关键词或关键点之间是否存在联系，然后进行扩展。

4. 打开认知缺口

打开认知缺口是指将用户不知道，但却想知道的内容描述出来，并强调其重要性，让用户好奇文案内容，使其产生继续阅读的兴趣，进而吸引用户阅读文案内容。文案人员可以借助新奇的、令人困惑的、令人焦虑的、令人恐惧的，甚至是颠覆常识的内容，打开用户的认知缺口，提高文案开头的吸引力和可读性。

结合上述知识，根据如下要求，对图3-4所示的新媒体文案开头进行处理。

（1）从原有开头中，找出核心关键词。

（2）借助热点，重新写作该新媒体文案的开头。

（3）借助修辞手法，重新写作该新媒体文案的开头。

> 自从单身后，我在生活中有了许多意料之外的感受。
>
> 例如，有时早上起来，我不知该跟谁说早安；看到喜欢的衣服不知道问谁的意见；出席有情侣的场合，会有一种久违的尴尬感迎面而来。
>
> 近段时间，我忍不住咨询了几位长期在单身领域做研究的编辑，问了问他们，怎么度过"恢复单身"的过渡期比较好，以及如何消除患得患失的感觉。
>
> 他们为我提供了一份「恢复单身后也不必做的38件事」。
>
> 一起来学习看看吗？

图3-4　新媒体文案开头

3.3　新媒体文案正文的写作

正文是整个新媒体文案的主体，决定了用户是否能够接收、接受新媒体文案的内容，在写作新媒体文案正文时，文案人员需要结合已搜集的资料进行文案创意、框架的整理和规划，然后进行正文的写作。文案人员要想快速掌握文案正文的写作方法，需要先了解新媒体文案正文的表现形式，然后熟悉其写作结构，下面将对这两个方面的内容分别进行介绍。

（1）你平时更喜欢看视频、图片还是文章？

（2）你能总结一下你平时喜欢看的新媒体文案的写作结构吗？

3.3.1 新媒体文案正文的表现形式

新媒体文案正文的表现形式主要有文字式、图片式、图文结合式、语音式、视频式和综合混搭式6种。

1. 文字式

文字式是新媒体文案中使用频率较高的一种表现形式，常表现为微博长文案、微信公众号文案和软文等，其内容以文字为主，中间插入推广产品的图片式链接。例如，微信公众号"格言杂志"发布的公众号文案《格言说|Plus版假期，宅家指南》就是一篇文字式的新媒体文案。

在写作文字式文案时，需要重点注意版式的美观性和内容的重点体现，文案人员可通过合理规划段落结构与间距、设置不同的字号和颜色来实现，确保文案内容详略得当，结构清晰。

2. 图片式

图片式文案的代表是海报文案和H5文案，这种文案对图片创意及信息选择的要求比较高，因为图片的大小有限，所以文案人员应尽量在图片中用简短的文字，突出其主题思想和重要信息，图3-5所示为图片式新媒体文案截图。

3. 图文结合式

图文结合式是新媒体文案中使用频率较高的一种表现形式，其中图片不仅可以给用户带来视觉冲击，还能配合文字起到解释说明的作用。在图文结合式的文案正文中，文案人员可选择产品图、GIF动图、相关信息截图或表情包等作为文案配图，使其与正文内容相辅相成。图3-6所示为图文结合式的新媒体文案截图。

图3-5　图片式新媒体文案截图

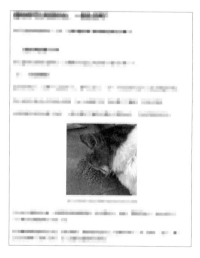

图3-6　图文结合式的新媒体文案截图

4．语音式

随着生活方式的不断改变，一些用户认为文字式新媒体文案读起来麻烦且耗时，不再喜欢阅读文字内容，因此语音式新媒体文案越来越受欢迎。并且，由于社群、微信公众号都支持发送语音式新媒体文案，因而语音式新媒体文案应用得越来越广泛，一些文案人员会将新媒体文案录成语音，发布到新媒体平台上，以供用户聆听。图3-7所示为语音式新媒体文案截图。

图3-7　语音式新媒体文案截图

此外，文案人员还可以借助音讯App录制想要说的话，然后将链接复制到语音中，最后将其发送到朋友圈、社群中，用户在听完语音后，如果觉得感兴趣，也可以打开链接进行查看。

5．视频式

互联网的发展带动了直播和短视频的发展，而视频具有的直观性强、沟通性强等特点，也使其成了新媒体网络推广的"新宠"，不管是常用的微信公众号、微博、知乎等新媒体平台，还是较为小众化的小红书、聚美优品、哔哩哔哩等，都能够提供视频式的新媒体文案内容。视频式新媒体文案可用于产品测评、好物分享、教程教学等。图3-8所示为视频式新媒体文案截图。

图3-8　视频式新媒体文案截图

6．综合混搭式

综合混搭式文案中包含了文字式、图片式、语音式、视频式等不同表现形式，这种表现方式的文案内容十分丰富。一般在新媒体文案中，综合混搭式文案都是"文字+图片+视频"的组合，图片和视频常用于解释文字内容。

图3-9所示为综合混搭式新媒体文案节选，该文案包含了视频式、文字式和图片式3种表现形式，用户可以通过视频和图片，更好地理解文案内容。

图3-9　综合混搭式新媒体文案节选

3.3.2　新媒体文案正文的写作结构

对于新媒体文案正文，文案人员需要掌握文案的结构，以清晰的结构向用户展示自己的观点。常见的新媒体文案正文的写作结构有总分式、片段组合式、并列式、欲扬先抑式、递进式、三段式和穿插回放式7种。

1. 总分式

总分式结构是新媒体文案中比较常见的，其中，"总"是指文章的总起或总结，起点明主题的作用。"分"指的是分层叙述，即将中心论点分为几个横向展开的论点，并一一进行论证。

例如，微博长文案《干货|想学西餐，这些基本知识要先了解，赶紧收藏起来！》就是总分式结构，第一段引出文案的主题

扫一扫

提高新媒体文案写作
水平的方法

"西餐礼仪"，接下来分别从西餐酒杯、西餐用具、西餐摆盘、西餐摆台和用餐礼仪5个方面进行介绍，脉络清晰，方便不同用户查看自己需要的内容。图3-10所示为微博长文案节选。

图3-10　微博长文案节选

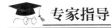专家指导

> 此外还有总分总式，它在总分式结构的基础上加上结论，即对全文的归纳、总结和必要的引申。在运用总分总式时要注意，其各部分必须有紧密的联系，分述部分要围绕总述部分展开，总述部分应是分述部分的总纲或结论。

2. 片段组合式

片段组合式主要是将要体现共同主题的几个生动、典型的片段有机地组合起来，用于叙述事件，描写商品特点，烘托品牌。在该结构下，文案人员主要是以叙事的手法来写作，但要注意每个片段的内容不要太多，且不能分散主题，一定要多角度地围绕主题进行展开。

例如，微信公众号文案《湾仔码头春节营销：来！看神仙打架》，就是片段组合式的结构，文案分别从"独创新口味产品，用美味俘获年轻胃""传承中华文化，老故事用新说""非遗新生，妙手回'潮'"和"线上线下，全面渗透"4个不同片段，来说明湾仔码头新年营销的营销重点，并在最后写出感想，感谢湾仔码头的"春节款待"，烘托品牌的创新和定位。图3-11所示为湾仔码头春节营销微信公众号文案节选。

图3-11　湾仔码头春节营销微信公众号文案节选

3. 并列式

并列式一般是从推广对象的各方面特征入手，不分先后和主次，各部分并列平行地叙述事件、说明事物。它的各组成部分间是相互独立的、完整的，能够从不同角度、不同方面来阐述推广的对象，即各部分内容间的关系是并行的，前一段内容与后一段内容位置互换，并不会影响文案主题的体现。并列式文案各部分间联系紧密，可以共同为文案主旨服务，具有知识概括面广、条理性强的特点。

并列式文案的组成形式分为以下两种：一种是围绕中心论点，平行地列出若干分论点；另一种是围绕一个论点，运用几个并列关系的论据。不管采用哪种形式进行写作，文案人员都要注意并列部分的内容既要各自独立，又要紧紧围绕着中心论点，还要防止各部分间产生从属或交叉的关系。很多产品文案和分享推广型的文案都采用了并列式结构。

例如，穿搭风格介绍的文案会依次介绍不同风格的搭配方法，并介绍其特色和适合的人群。该文案就是并列式结构的。

图3-12所示为某款台灯产品文案节选。该文案从一键调光、供电方式、产品尺寸等方面并列描述了该产品的信息。

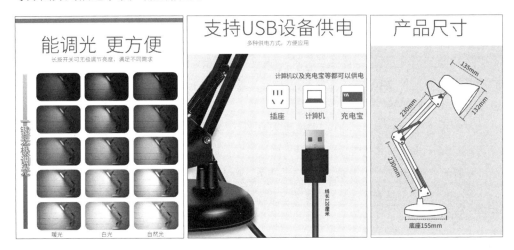

图3-12　某款台灯产品文案节选

4. 欲扬先抑式

欲扬先抑式也称"抑扬式"，即为了肯定某人、事、景、物，先从相反的方向去批评或否定它的一种写作方法。例如，要写某个人的好，开头先写他的不好，再通过表扬来说明他的好，但要注意"抑少扬多，扬能压抑"。

通过文案推广自己的产品、服务时，也可以先写推广产品或服务的不好。这部分内容一般不会影响中心思想。当然这需要文案人员用高明的写作手法来体现，如加多宝的"对不起"系列文案，表面上是在道歉，承认自己的"不足"，实际上却是在向用户展示自己的优秀，其文案如下所示：

对不起！是我们无能，卖凉茶可以，打官司不行。

对不起！是我们出身草根，彻彻底底是民企的基因。

先抑后扬式文案可以消除用户的心理防线，让用户产生反差感，而这种反差感可让用户记住一个产品或品牌。

🎓 专家指导

在写故事性软文时，就可以采用这种欲扬先抑式的结构，不要让用户看到文案开头就知道结尾，而是要做到千折百转，避免平铺直叙，使人产生看下去的动力。

5. 递进式

递进式结构就是把用户的问题一层层地剥开，在论证的过程中做到层层深入、步步推进，一环扣一环，每部分都不能缺少，即正文中内容与内容间的关系是逐层推进的，后面内容的表述只有建立在前面内容的基础上才会有意义。

这类结构的文案具有逻辑性强的特点，其内容与内容之间的前后逻辑关系和顺序不可随意颠倒。递进式文案主要是对观点或事件的论证和讲述，常以议论体和故事体的形式写作，这种文案的重点内容通常在文案的后半段。其论述时的层递表示方式有以下3种。

- 由现象递进到本质、由事实递进到规律。
- 直接层层深入。
- 提出"是什么"后，展开对"为什么"的分析，最后讲"怎么样"。

例如，全心创客联盟社群的宣传文案就以递进式结构烘托了该社群的精神内涵，其文案如下所示：

我相信伟大的发现，

我相信做出发现的人，

我相信创业者的紧迫，

他行动的精准，

他的自由意志，

一切相信，皆在全心创客社群！

此外，还可以用对话的方式进行递进式写作。例如，为一款卫衣写作新媒体文案时，可以通过"闺蜜"和"我"的对话，引出卫衣宽松、舒适的特点，具体如下：

闺蜜："借我件衣服吧。"

我："在柜子里，看上哪件，送你了！"

闺蜜："怎么全是同一个牌子的衣服啊？"

我："你知道的，我喜欢宽松款的，它穿起来很舒服，我为什么不多买几件？"

 专家指导

写作递进式文案时，文案人员要罗列出用户可能产生的问题，并对这些问题及其解答方法做到心中有数，这样才能更好地掌握文案的递进关系。

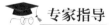 **案例分析：大疆校招短片《面向全球寻找向光奔去的你》**

大疆最近发布了一支名为《面向全球寻找向光奔去的你》的校招短片，该短片并未采

用传统方式来直接介绍公司的优势和特色，而是从第三人称的角度，告诉毕业生无须心怀畏惧，如"你无需现在就心怀天下""曾经我所热爱的 也只在小小的世界里"，如图3-13所示，而应该为了梦想开始改、奋发图强，并逐渐成长，从而发现生命的价值和梦想的力量。

图3-13 短片文案截图

如下为该短片的完整文案。

你无需现在就心怀天下

曾经我所热爱的 也只在小小的世界里

后来梦想开始生长

我看见人们看世界的渴望

听见人们对理想生活的期待

我开始关心那些忙碌的身影

在乎起别人的热爱

我用行动改变了一点点

再一点点

从看见世界

到对话世界

我 已不只是我

我依然知道它难

却有证明它行的勇气

我意识到

竞争

未必只有胜负

成长

无关输赢

当我把对世界的善意

注入梦想里

我发现

原来生命的价值

不是借光而行

而是向光奔去

天生的梦想

不止于天生

更好的自己

就是影响世界的力量

案例点评：该新媒体文案采用了递进式的结构，先以肯定的口吻告诉观看者，在追逐梦想的过程中，并不每一个人都是一帆风顺的，我们可以慢慢进步，先点燃前进的动力，找到前行的勇气和力量，正确认识到竞争的意义，才能实现梦想和生命的价值。该短片的每一段文案都是基于前一段文案而来的，以"寻找梦想，发现生命价值"为主题，逻辑严密，层层递进地引导毕业生不断正视梦想的力量，勇于为了梦想和生命的价值而奋斗。

6. 三段式

三段式结构比较适合软营销文案的写作。该文案主要分为"三阶段"，下面分别进行介绍。

- **第一段。**以简练的语言对事件的主体、客体、时间、地点等进行概述性的描述，再以一句话简单概括这一事件的意义。
- **第二段。**对第一段中的事件展开描述，交代事件发生的背景、过程和相关的细节。重点在于描述事件的"由头"。
- **第三段。**发表针对事件的观点。

值得注意的是，这里的"三段"并不是指"三个自然段"，而是"三个部分"。

案例分析：舒化奶"人人都能喝"

　　舒化奶在2020年春节发布了一条视频式新媒体文案，视频从主角下班开始，先表达了其"面试的焦虑""单身的孤寂""过年的压力"，然后切换到主角为每年一次的回家之旅准备礼物的画面。然而礼物却并不好选，要么耗光了自己的年终奖，要么就被家人挑剔——肚胀、乳糖不耐受，此时舒化奶"无乳糖，人人都能喝"的卖点被顺势引出。回到出租屋后，主角感慨自己独自在外闯荡，衣冠楚楚，却经常面对老友的灵魂拷问——"北京有什么好？""老家生活不舒适？"不过为了梦想，她还是坚持在外拼搏，并以无乳糖的舒化奶来填饱肚子。回家后，虽然红包压力无法消除，但因为买了"人人都能喝"的舒化奶主角被夸了。图3-14所示为舒化奶新媒体文案的截图。

图3-14　舒化奶新媒体文案的截图

　　案例点评：舒化奶文案以音乐视频的形式展现了主角在外闯荡、过年回家的压力。该文案主要分为"三阶段"，第一段以"焦虑""孤寂""压力"等词，引起用户的好奇心，使其对视频产生兴趣；第二段则分别从选礼物、老友聚会和红包3个方面，对前一段的"过年压力"进行延伸、说明，引出肚胀、乳糖不耐受等问题，使文案内容自然过渡到无乳糖的舒化奶上；第三段则再次强调"过年送舒化，被夸别人家好孩子"，及其卖点"人人都能喝"，加深了用户对舒化奶的印象，吸引用户购买舒化奶。

7. 穿插回放式

　　穿插回放式是指利用思维可以超越时空的特点，以某一物象或思想情感为线索，将描写的内容通过插入、回忆、倒放等方式，串联组合起来，形成一个整体。具体操作时需要选好串连素材的线索，围绕一个中心点去组织材料。

　　例如，标题为《在平安回家的前提下，和自己谈谈心吧》的新媒体文案，通过展示某人坐上列车的感想，穿插学生时代、上班后坐车回家时的不同，引出"每个人的心里，都会有一个符号，让我们不曾忘记自己为了什么而努力。"的主题，借机推广金典牛奶。图3-15所示为金典牛奶新媒体文案节选。

晚上好。

今天你回到家了吗？

还是在路上？

我是今天，

才坐上回家的车。

还未上车前，

旁边的列车刚刚启动，

月台就传来了一阵嘹亮的风声。

车厢喧闹，

喧闹到每一个人的声音，

都能传到耳里；

声音明明很多，

可是我却感到安静了。

安静到，只能听见自己心底的想法。

行驶的列车，

穿梭在城市和山野之间，

无数的故事在其中延展开来。

归家路上也还在努力着的人们，

各怀着心事和念想。

足够凑巧的话，

也许你也会在列车上拥挤的人群里，

看到抱着计算机，

用键盘敲下这句话的我。

想起以前读书时坐车回家的路上，

都是心无旁骛地想着，

回家要吃什么，想见谁。

真正成人后，

开始被更庞大的念头占据了，

谈不上是多么厉害的理由，

去年回到家，我在房间里发现一本学生时代的笔记本，里面有句很像满分作文的话："只有勇往直前地奋斗，不折不挠地拼搏，才会拥有幸福人生。"

年岁渐长，我们都很难相信像打鸡血一样的话，但是总有一些朴素的念头，会一直留在我们的身体里。

每个人的心里，都会有一个符号，让我们不首忘记自己为了什么而努力吧。

而一直致力于打造中国最好的牛奶的金典，也有着这样的追求。3年的土壤净化，10年产量牺牲，13年坚持有机，金典对细节的极致追求和倾力的付出，最后铸就了3.8g优质乳蛋白。

每一个普通人的努力，和金典的追求，都是一脉相承的。

图3-15　金典牛奶新媒体文案节选

　　搜索新媒体文案《暖而有力，吉利这次营销长在了大众的"痛点"上！》，阅读后，回答下列问题。

　　（1）分析文案中的视频《种植树心》的写作结构。

　　（2）分析该篇新媒体文案正文的写作结构。

3.4　新媒体文案结尾的写作

　　新媒体文案的最终目标是引导用户点击与转发内容，而一个精心设计的结尾则能够提高文案的转化率和营销效果，因此，文案人员需要掌握新媒体文案的结尾方式，以达到更好的营销效果。本节将对神转折结尾、金句结尾、幽默结尾、话题讨论结尾、制造场景结尾和引导行动式结尾6种结尾方式进行介绍。

　　（1）回顾最近5天内你看过的新媒体文案，你认为这些文案的结尾方式有哪几种？

　　（2）你更喜欢哪种结尾方式，为什么？

3.4.1　神转折结尾

神转折结尾是指用出其不意的逻辑思维，使展示的内容跟结局形成一个奇怪的逻辑关系，从而得到出人意料的效果的结尾方式。神转折结尾出人意料，让人哭笑不得。文案人员借助神转折结尾能够使文案在用户心里起到震撼效果，让用户惊叹于文案人员的构思独特，引起用户的讨论，并在用户心中留下深刻的记忆。

　案例分析：宝洁京东超级品牌日

2019年夏天京东超级品牌日时，一则视频式新媒体文案被推出。视频内容为：主角和朋友同在健身房运动，一不留神，朋友全都变成了"流油的薯条"，主角一惊，赶紧拿出洗发水洗头以保持清爽，视频还为主角配上了弹幕"众人皆热我独爽"。然后画面一转，主角和朋友一同去吃烤串，朋友全都热成了烤炉，主角也由此发现自己的牙龈有些上火，于是赶紧拿出了牙膏刷牙，解决牙龈问题，此时"众人皆热我独爽"的弹幕又出现了。正当用户摸不着头脑时，视频中主角和朋友在家玩起了游戏，因为天太热，朋友出汗太多最后变成了咸鱼，主角闻了闻自己身上的味道，赶紧用沐浴露洗了个澡，洗去全身汗味，这时"众人皆热我独爽"的弹幕再次出现。直至视频结尾，该文案的主题才凸显出来，原来是"宝洁京东超级品牌日　夏日钜献"。图3-16所示为宝洁新媒体文案的截图。

图3-16　宝洁新媒体文案的截图

案例点评：该文案通过健身房的故事，给用户留下这是洗发水广告的印象；然而切换到吃烤串的场景，让人无法与洗发水联系起来，而随着故事的发展则证实这是个牙膏广告；继续往下观看，打游戏的情景更是无法与洗发水、牙膏产生联系，继续观看则可发现这是沐浴露广告。这则文案推翻了用户对于广告只能介绍一个品牌或产品的固定印象，通过3个故事，将不同产品以同一企业为背景联系起来，然后推广京东超级品牌日，使用户在猝不及防之下，产生一种理所当然的感觉，为企业树立了更好的形象。

3.4.2　金句结尾

用金句结尾的文案可以帮助用户深刻地领悟文案思想，引起用户共鸣，提升用户对文案的认同感。金句一般都富含哲理性，不仅能起到警醒和启发的作用，还能提高该文案的转发率。

例如，新媒体文案《这首爆红19年的治愈歌，听完世界都温柔了！》，通过讲述这首歌制作的故事，以及这首歌给人的感受，鼓励用户满怀热情，努力生活，其结尾则借用了罗曼·罗兰的名句，深化了文案的思想。其结尾如下所示：

这个世界没有治愈一切的良药，但有温暖身心的良药能填补空缺。

我们要满怀热情，充满期待的过好每一天。

人活一生，值得爱的东西很多，人生，总会有不期而遇的温暖和生生不息的希望。

罗曼·罗兰曾经说过：世界上只有一种英雄主义，那就是认清了生活的真相之后，仍然热爱生活。

希望每一个熬过这段时光的你，在今后的岁月顺遂平安，相信此刻所有的准备，都会是明天惊喜的铺垫。

除了引用金句，文案人员还可加入自己的总结。图3-17所示是新媒体文案《你记忆里精彩的"反串戏"是什么样的？》的结尾，该结尾不但结合了新媒体文案的主题，还对"反串戏"进行总结，说出自己、影视剧观众的期望，达到引起用户共鸣的目的。

> 就像反串女性角色不能只是涂口红、抛媚眼一样，反串男性角色要做的也不只是剪短发或盘起头发这么简单。
>
> 因为只有一次次认真的诠释，才会让更多的角色诞生。
>
> 而我们正期待着看到角色的类型逐渐多样化，演员本身和角色间的限制变得越来越少。他们想要突破和挑战自己，想讲出的不只是不同的性别，还有不同群体、不同阶层的故事。
>
> **因为这些故事，正在发生。**

图3-17　新媒体文案《你记忆里精彩的"反串戏"是什么样的？》的结尾

　专家指导

> 金句结尾可分为名言类金句结尾和原创金句结尾等，原创金句结尾要注意表述合理，道理要深刻。不管哪种金句结尾都要与文案主题相契合，不要随意选取、敷衍了事。

3.4.3 幽默结尾

幽默的语言总是更能讨用户的喜欢，如果文案的结尾适当地诙谐幽默，则会让人会心一笑，带来非常愉悦的阅读体验。

例如，一些微信朋友圈、微博的互动文案，就是用幽默的结尾来引起用户评论互动的，图3-18所示为幽默结尾的新媒体文案。有些微信公众号直接在每次推文之后再多发一则幽默性的文案，以标题为开头，以正文为结尾，博用户一乐，让人读完之后忍不住留言，幽默性文案如图3-19所示。

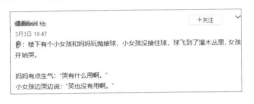

图3-18 幽默结尾的新媒体文案　　图3-19 幽默性文案

3.4.4 话题讨论结尾

在文案末尾以其一话题进行提问也是现在惯常使用的结尾方式，文案人员可通过提出问题，使用户思考，引起用户互动，从而增强文案热度。话题讨论结尾一般可以根据文案内容设置互动内容，话题讨论的文案结尾如图3-20所示。

图3-20 话题讨论的文案结尾

此外，文案人员还可以根据新媒体文案主题，发表自己的看法，进而提出问题，吸引用户围绕该问题进行讨论；也可通过对问题发起投票，引导用户进行讨论。图3-21所示为发表看法引出话题讨论的文案结尾，该文案结尾就是通过发表自己的看法并提出问题，带动用户进行互动。图3-22所示为发起投票引导用户讨论的文案结尾。

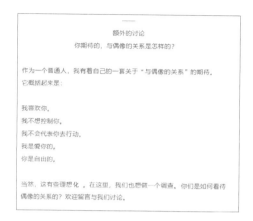
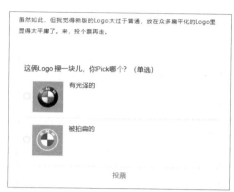

图3-21　发表看法引出话题讨论的文案结尾　图3-22　发起投票引导用户讨论的文案结尾

3.4.5　制造场景结尾

场景的塑造是一种环境影响，根据塑造的场景氛围激发用户的情绪，让用户感同身受，从而打动用户。例如，下面这段新媒体文案的结尾，就塑造了用户收到礼盒后的场景，以吸引用户购买该礼盒。

可以把它视为一本"书"，足以承载一个动人的故事。

腰封上是麦子的独白：

"我们经历的一切，都有潜伏已久的来由，只是我们从未发现。

无论是我们经历的爱，还是成长，都会无尽地被延续，以另一种方式继续存在着。"

取下腰封，简单展开固定后就是盒体。

盒盖里侧有配套贺卡，适宜悄藏体己话。

一个亲手完成的礼盒，一个关于爱、成长，以及延续的故事。

3.4.6　引导行动式结尾

引导行动式结尾可以称为动之以情式结尾，通过情感打动用户，让整个新媒体文案有温度、有情绪，做到"以情动人"。

图3-23所示为引导行动式结尾，该文案为推广OPPO Reno3手机的新媒体文案结尾，该结尾就是从情感上吸引用户去购买OPPO Reno3手机。

这类结尾也可将利益最大化展现，引导用户产生行动，如"商品限时优惠48小时，现在下单，可以享受低价优惠，抢完就无！""读者优惠购买通道，点击阅读原文或长按扫描图中二维码"等。

好产品当然要和他/她一起用，趁着情人节搭配个情侣款也不错。

从此 ▓▓▓▓ 再也不怕网速差被▓▓ ▓▓，基于双模5G芯片和全面优化的网络

通道技术，OPPO Reno3 元气版实现了从游戏体验到网络连接的全面提速；

OPPO Reno3 元气版的电池容量达到4025mAh，**可在20分钟内充满50%的电量，**

▓▓▓▓　▓▓　▓▓▓▓▓

说了这么多，不知道情人节送什么礼物的朋友们，有没有对OPPO Reno3 元气

版动心呢？

这样一部机身轻薄，功能强大，专门为年轻人打造的5G视频手机，快点送给你

最爱的他/她吧。

图3-23　引导行动式结尾

根据要求，为以下新媒体文案写作结尾。
（1）借助话题讨论，为不同蛋糕做法集锦的新媒体文案写作结尾。
（2）通过制造场景，为某气垫产品的推广类新媒体文案写作结尾。

3.5　课堂实训

3.5.1　分析新媒体文案

　　文案人员想要更好地写作新媒体文案，就需要多阅读爆款文案，分析其标题、开头、正文和结尾，总结爆款文案的特点，为写作优质的新媒体文案奠定基础。阅读图3-24所示的新媒体文案，分别对其标题、开头、正文和结尾进行分析，并试着优化该文案内容。

1. 实训要求

（1）分析该新媒体文案的标题、开头、正文和结尾。
（2）根据本章所学知识，对文案内容进行优化。

酵母粉和泡打粉、小苏打有什么区别？牢记这三点，你也能成为大厨

最近全民都在家学习各种面点的做法，而每天从早到晚，都有人问我：做馒头需要放泡打粉吗？做油条需要放小苏打吗？做千层饼需要放酵母粉吗？而胡师傅是一位非常热心的人，只要大家有问题，就会毫不保留地告诉大家。而胡师傅为了帮助更多的人，今天就给大家详细讲解酵母粉、泡打粉、小苏打之间的区别，大家只要牢记了以下3点，弄懂了它们各自的作用，也能成为烘焙高手。

第一点：酵母粉

酵母粉

酵母粉是酵母加工后量成的粉末，它是一种微生物，它和湿面粉混合在一起时，就可以进行无氧呼吸或者有氧呼吸，而这两种呼吸都会产生大量的二氧化碳气体，而这些气体要从面团中出去，就会使面团生很多气孔，面团产生气孔后，就能变得更加蓬松。所以我们做蓬松的食物时，就需要使用酵母粉，1斤面粉放3-4克酵母粉即可。而现在专家研究，酵母粉除了发酵，还有美白牙齿的作用，每天刷牙时在牙膏上撒一点酵母粉，可以美白牙齿。

第二点：泡打粉

泡打粉

泡打粉是白色的复合膨松剂，它是在小苏打中添加酸性物质和玉米粉做成的。将泡打粉放入面粉后，泡打粉中含有的小苏打（碱性物质）和泡打粉中的酸性物质会发生中和反应，从而会产生大量的二氧化碳气体，而大量的二氧化碳气体可以使面团变的更加的蓬松，所以做蛋糕、馒头、包子、油条等面食时，都可以放适量的无铝泡打粉，1斤面粉放2-3克的泡打粉即可，如果放过多，会导致做好的美食吃着有异味！

第三点：小苏打

小苏打

小苏打的化学名字为碳酸氢钠，它是碱性物质，如果溶解在水中，呈现弱碱性。小苏打是最常用的烘焙膨松剂，我们在做饼干、酥饼、馅饼时，都会加适量的柠檬汁或者白醋等物质，而这些物质都是酸性的，小苏打遇到酸性物质也会产生少许的二氧化碳气体，从而使做的美食更加蓬松、酥脆，1斤面粉加入2-3克小苏打，如果加了泡打粉，就不需要加小苏打。小苏打还是我们常用的清洁剂，如果我家里油烟比较多时，放少许的小苏打在上面，能使油污快速去除。

这就是胡师傅今天给大家讲解的酵母粉和泡打粉、小苏打之间的区别，希望大家以后做各种面食时，按照不同品牌说明书上的比例和说明去放（如果没有比例说明，就按照我说的比例放），相信大家都能做出自己心目中满意的面食！本文是胡师傅原创的，后续胡师傅还会给大家讲解更多做菜诀窍、最新菜谱，感谢大家的观看，如果今天的文章对您有帮助，那就点一下关注，点一个赞，感谢您的支持。

图3-24　新媒体文案

2. 实训步骤

根据实训要求，本例将对图3-24所示的新媒体文案进行分析和优化，以达到帮助读者熟悉新媒体文案写作方法的目的，具体步骤如下。

（1）分析该新媒体文案。先对新媒体文案进行通读，结合本章所学内容，分别分析文案标题所用的命名方法、开头的方法、正文的表现形式和写作结构，以及结尾的方式，总结该文案的优点和缺点。例如，这篇文案的标题使用了提问式的命名方法，能够快速吸引用户的注意力，但主题不够明确等。

（2）优化文案内容。针对分析出的缺点，结合本章所学的知识，对文案内容进行优化。例如，图3-24所示为新媒体文案的标题，该标题可以优化为《分清酵母粉、泡打粉和小苏打，踏出成为大厨的第一步》。

3.5.2 写作推广文案

随着时代的变化，各种线上课程层出不穷。某"英语单词速记训练营"采用微信社群的学习模式，拥有教学经验丰富的老师，旨在解决用户背单词的难题。假设你是其文案人员，现需要对其进行推广，请写作一篇推广文案，以吸引用户的注意力，扩大招生范围，增加训练营的学员人数。

1. 实训要求

（1）明确该训练营的核心卖点，针对核心卖点进行写作。

（2）选择合适的开头和结尾方式。

（3）新媒体文案的整体框架明确。

2. 实训步骤

根据实训要求，本例将根据"英语单词速记训练营"写作推广类新媒体文案，以达到吸引用户的注意力，扩大招生范围，增加训练营学员人数的目的，具体步骤如下。

（1）明确该新媒体文案的核心卖点。在写作推广文案前，需要先分析该训练营的特点，确定核心卖点。例如，该训练营的特点包括采用微信社群的学习形式、拥有教学经验丰富的老师、速记等，针对用户痛点，可选择速记作为新媒体文案的核心卖点进行写作。

（2）确定新媒体文案的整体框架和创意。确定好新媒体文案的核心卖点后，可以结合训练营的特点，针对该核心卖点，设计该文案的整体框架和写作创意。例如，该新媒体文案可以根据训练营的不同特点，分点写作，并使每个点中的特点与核心卖点相结合。

（3）对新媒体文案进行命名。根据新媒体文案的核心卖点、写作框架和创意，选择合适的命名方法，对新媒体文案进行命名。需要注意的是，在命名时，需遵循真实、有趣、有痛点和用语通俗化的要求。例如，根据新媒体文案的核心卖点——英语单词速记，可选择宣事式的命名方法，设置标题为《限时24小时，前20名免费送单词记忆秘诀》；或选择证明式的命名方法，设置标题为《闺蜜现身作证：词汇量爆炸不是梦》。

（4）写作新媒体文案的开头。根据新媒体文案的标题，结合文案核心卖点，选择合适的开头方法，写作新媒体文案的开头。例如，标题为《闺蜜现身作证：词汇量爆炸不是梦》，那么就可以选择直接开头或者热点开头，直接开头可以直接讲述闺蜜拥有充足的词汇量，如"我"在好奇了很久后，终于问了闺蜜秘诀是什么；热点开头则可以借助近期热点，讲述"我"在与闺蜜聊该热点时，发现闺蜜明明看起来每天的安排都很满，却什么都知道，于是针对自己的短板"英语单词记忆"询问闺蜜秘诀。

（5）写作新媒体文案的正文。结合新媒体文案的框架、标题和开头，选择合适的正文标题表现形式及写作结构，完成正文部分的写作。例如，选择图文结合式的表现方式，及并列式的写作结构，将其核心卖点"英语单词速记"作为中心论点，其他特点作为分论点，并添加学员反馈图片，写作新媒体文案。

（6）写作新媒体文案的结尾。选择合适的结尾方式写作新媒体文案的结尾。例如，选择引导行动式结尾，则可以为"本课程限时24小时，为前20名学员免费发送单词记忆秘诀，快行动起来，点击下方阅读原文，报名吧！"

（7）组合不同部分，通读新媒体文案，对文案内容进行优化。在写作完各个部分后，通读新媒体文案，修改其中的语病、错字，并对文案内容进行优化。

3.6　课后练习

1. 在微博搜索"提起影视剧里那些精彩的反串戏，你都能想到谁！？"，观看该视频式新媒体文案，分析其文案使用的写作框架。

提示： 有些文案的框架是本章所列正文结构的变形，要透过现象看本质，找出其主要采取的正文结构形式。

2. 扫描右侧二维码，阅读《没有鱼刺的鱼做法合辑，堪称下饭宝藏》新媒体文案，分析其写作方法。

提示： 可将其分为标题、开头、正文和结尾4个部分，分别对各个部分进行分析。其中，对标题可以分析其命名方法，对开头和结尾可以分析其采用了何种写作方法，对正文则可以分析其采用的写作结构。

扫一扫

《没有鱼刺的鱼做法合辑，堪称下饭宝藏》

第4章 新媒体平台的文案写作

学习目标

随着移动互联网的发展，新媒体平台在信息分享、传播方面的作用被越来越多的企业所重视。微信、微博和社群是较为常见的新媒体平台，文案人员可以将新媒体文案发布在这些平台中，以达到信息宣传的目的。本章将分别从微信文案写作、微博文案写作和社群文案写作3个方面，对新媒体平台的文案写作进行介绍。

知识结构图

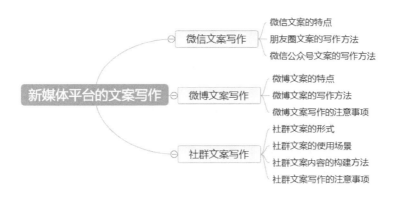

4.1 微信文案写作

微信是新媒体文案创作与传播的重要平台，有用户数据大、黏性强、使用频率高等特点，能够为产品的营销提供更多的可能性，是大多数企业或商家常用的营销平台之一。

课堂讨论

（1）你曾看到过哪些印象较为深刻的微信文案？

（2）这些微信文案有何特点？

4.1.1　微信文案的特点

微信文案具有生活化、网络化、多样化、渠道化的特点，下面分别进行介绍。

- **生活化**。生活化即微信文案常以用户需求为主，贴近用户的实际生活，以生活中常见的情景、氛围等，展现用户关注的内容，快速吸引用户的注意力。
- **网络化**。网络化即在创作新媒体文案时，文案人员常使用网络语言，丰富文案内容，使文案更加幽默风趣，更加贴近用户的阅读习惯，便于用户阅读。
- **多样化**。多样化即微信文案拥有包括文字、图片、音频、视频等不同的表现形式，可以为用户传递更多的内容，且更方便用户对文案内容进行理解。
- **渠道化**。渠道化即微信文案可以借助微信平台建立自身渠道，以及扩展外部渠道。其中，自身渠道包括微信好友、微信群、朋友圈、微信公众号等，借助这些渠道，企业可推广产品、宣传企业文化等；外部渠道指以微信为中心，与外部关联的渠道，如QQ、QQ空间、微博等，外部渠道能够扩大新媒体文案的影响范围，吸引更多用户的关注。

4.1.2　朋友圈文案的写作方法

朋友圈是企业在微信平台进行营销的重要渠道，文案人员可在其中直接介绍产品进行推广，或通过为产品、为企业品牌树立良好的形象，提高营销效果。在写作朋友圈文案时，文案人员可通过直接推广产品、分享日常生活、讲述经历感悟、介绍产品信息、借助热点、讲解专业知识、展示用户评价和发布互动话题8种方法讲解朋友圈文案的写作方法。

1. 直接推广产品

直接推广产品是指直接在朋友圈中进行产品或品牌的推广，是十分常见的朋友圈文案写作方法，这种方法对文案人员的技巧要求较低，只需让用户认识到文案人员所营销的产品或品牌，加深用户对产品或品牌的印象即可，图4-1所示为直接推广产品的文案截图。

2. 分享日常生活

分享日常生活是指在发布朋友圈文案时，文案人员可将在日常生活中遇到的趣事、囧事等分享出来，作为直接推广产品文案的调节剂，给用户眼前一亮的感觉；文案人员还可以将产品融入分享的日常生活文案，让用户在浏览日常生活趣事时了解产品，增加用户对产品的认同感，从而达到促进消费的目的。这种分享日常生活的文案还有利于文案人员塑造自身形象，以自身的个人魅力增强用户的黏性，提高用户转化率。

图4-2所示为某商家发布的分享日常生活的朋友圈文案截图。图4-3所示为融入了产品的分享日常生活的文案截图，文案描述了芋儿鸡的美味，视频则分享芋儿鸡的做法，本质是为了产品引流。

3. 讲述经历感悟

在成长过程中，每个人都会有不同的经历、感悟，文案人员可以将这些经历与感悟发布到朋友圈中，这样既可以引起有相同经历用户的共鸣，又可以给其他用户一些启发。除了自身经历，文案人员还可以分享互联网中一些有趣、有价值的内容，甚至将这些内容与自身经历结合，给用户留下深刻的印象，提高产品或品牌的知名度，图4-4所示为讲述经历感悟的文案截图。

图4-1　直接推广产品的文案截图　　图4-2　某商家发布的分享日常生活的朋友圈文案截图

图4-3　融入了产品的分享日常生活的文案截图　　图4-4　讲述经历感悟的文案截图

4. 介绍产品信息

对于企业或商家来说，朋友圈文案的重点是推广产品，因此，文案人员可以适当地在朋友圈中发布产品上新信息、产品详情信息、促销活动、发货情况等内容。但是发布信息不能太过频繁，一天一次到两次或两天一次为佳，这样的分享也会刺激一些潜在用户产生购买的冲动，图4-5所示为介绍产品信息的文案截图。

5. 借助热点

热点一般包括当下网络上的热门话题、新闻，以及节假日等，热点能够满足用户的好奇心，为文案带来关注度。热点自带的热度，可以使文案更容易被用户关注，文案人员可以将文案与热点衍生的话题、讨论等关联起来，增加传播渠道，扩大传播范围。图4-6所示为借助热点的文案截图。

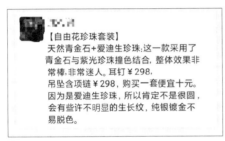

图4-5 介绍产品信息的文案截图　　　　图4-6 借助热点的文案截图

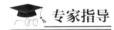 **专家指导**

在借助网络热点时，不要盲目跟风，要总结热点事件，发布自己的观点。

6. 讲解专业知识

在编辑朋友圈文案时，文案人员往往需要展现与产品相关的专业知识，这样才能提高产品的可信度，促进用户产生购买行为。专业知识也可以帮助用户解决产品在使用过程中可能遇到的问题，加强用户对产品或文案人员的专业性认知。一般来说，文案人员可以讲解的专业知识包括产品使用方法、使用技巧、产品功能、产品技术等，图4-7所示为讲解专业知识的文案截图。

7. 展示用户评价

在朋友圈进行营销时，文案人员可以将用户在微博、网上店铺、微信等平台上的产品使用感受、评价等截取成图片，并展示在朋友圈中，提高产品的可信度，增加用户的消费行为。为了增加用户对产品使用感受的分享，企业或商家还可以向用户赠送试用装，随用户下次消费一起邮寄。图4-8所示为某商家展示用户评价的文案截图。

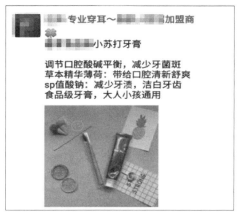

图4-7　讲解专业知识的文案截图　　　　图4-8　某商家展示用户评价的文案截图

8. 发布互动话题

互动也是在朋友圈增加粉丝的一种方式。文案人员可以直接在朋友圈中发布一些互动性比较强的话题，让用户参与讨论。发布的互动话题最好比较新奇，要抓住热点并制造热点。为了提高宣传力度，文案人员也可适当地以利相诱，如发布互动话题后请用户在话题下面留言，再从留言中抽取一位或几位用户送礼。也可以发表一些趣味话题，如猜谜、竞拍等，引起用户的注意和关注。文案人员还可在朋友圈中发布评论抽奖的文案，若微博或电商平台有什么活动也可在朋友圈进行分享，不少用户对这种活动内容的文案也很有兴趣。图4-9所示为留言互动话题的文案截图。图4-10所示为分享微博抽奖活动的文案截图。

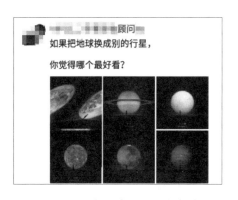

图4-9　留言互动话题的文案截图　　　　图4-10　分享微博抽奖活动的文案截图

4.1.3　微信公众号文案的写作方法

微信公众号是新媒体营销的常用平台，文案人员可以通过发布微信公众号文案，吸引用户关注，达到营销目的。下面先讲解微信公众号文案的策划，再对微信公众号文案的写作方法进行介绍。

1. 微信公众号文案的策划

为了吸引用户的注意力，提高微信公众号文案的阅读量，并让用户关注微信公众号，文案人员需要对微信公众号文案进行策划，增加文案的可读性。在写作微信公众号文案前，文案人员可从内容、标题、封面图、摘要和视觉效果5个方面进行策划。

（1）内容

文案人员可结合微信公众号的定位和后台数据，确定目标用户，然后根据目标用户调整和优化文案内容，提高文案对用户的吸引力。一般来说，微信公众号文案常有原创与转载两种形式，原创文案的写作难度较大，但其对用户的吸引力也更强，使用户对微信公众号的忠诚度更高。文案人员可通过用户需求分析、创意思考法、时间地图和话题借势确定原创文案的方向。

- **用户需求分析**。分析用户需求的目的是写出用户喜欢阅读的内容。在分析用户之前，文案人员可通过问卷、客服交流、用户问答等方式收集用户数据，了解目标用户需求。然后从不同角度挑选适合的选题，如行业热门消息、有深度的干货、娱乐八卦、热门影视剧、名人访谈、小人物纪实、企业文化或故事、生活实用技巧、生活感悟、福利活动等。

- **创意思考法**。创意思考法包括九宫格思考法、头脑风暴法等，创意思考法是根据一个主题进行联想，然后延伸出各种与主题相关的内容，再对内容进行解析和组合的方法。例如，写作一篇景点介绍的文案，就可以先将该景点名称写在纸上，然后围绕景点发散思考，联想到该景点中某种美食很出名、某家酒店装修别具一格、某个时间景色尤其好等，在写作文案时，就可以结合联想到的内容，分门别类进行介绍，甚至可以根据吃喝玩乐分别写作文案，连续推送给用户。

- **时间地图**。现在几乎每一个节日都是一次营销机会，如法定节假日、民俗节假日、西方节假日、新兴网络节假日、考试季、毕业季等都可以成为营销选题。文案人员应该对各个节假日话题进行提前策划。

- **话题借势**。话题借势即借助近期热点事件进行内容创作，也是微信公众号文案中十分常见且使用频率很高的一种选题方式。热点的话题性越高，爆炸性越强，带来的营销效果就越好。例如，近些年一旦有名人宣布恋情、婚讯等，其使用的文案就很容易引起营销热潮。新媒体营销时代，任何能够引起公众关注的热门事件都会引来各个品牌的话题借势。话题借势要求文案人员具备一定的敏感度，能够迅速、及时地捕捉热点话题，因此文案人员要积极关注各种新闻网站、咨询网站和媒体平台等，以便及时、高效地进行话题营销。当然，这类热门选题不能是负面的。

微信公众号文案的原创策划方式比较多，除了上述所讲，申请名人文章授权，通过搜索引擎、贴吧、论坛、微博等媒体平台发掘话题等，都可以为微信公众号文案策划提供思路。文案只要是目标用户所需求的内容，就能够吸引目标用户。

（2）标题

标题影响着用户对公众号文案的第一印象，一个好的标题能够提高微信公众号文案的辨识度，吸引用户的注意力，除了第3章介绍的新媒体文案标题的写作方法，微信公众号文案标题还可以通过添加特殊符号，形成独特的风格，以增强标题的吸引力。这种在标题中添加特殊符号的方法不仅有利于公众号形成自己的影响力，还能展示微信公众号的特色，让用户在看到文章标题时就能快速分辨出该文案属于哪个微信公众号，分享的是什么内容，从而进一步加强用户对微信公众号的印象。下面对常见的特殊符号样式进行介绍。

- 在标题前或标题后（多用在标题前）用"｜"符号隔开，图4-11所示的公众号文章，就在标题前用"｜"与文案类型分隔开。图4-11所示为用"｜"分隔不同类型文案。
- 一些微信公众号会使用"【 】"符号，将每篇文案的主题或类别展示出来，方便用户进行选择性阅读，图4-12所示为用"【 】"展示文案分类。

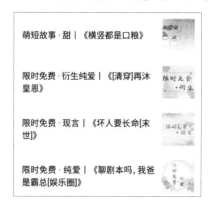

图4-11　用"｜"分隔不同类型文案 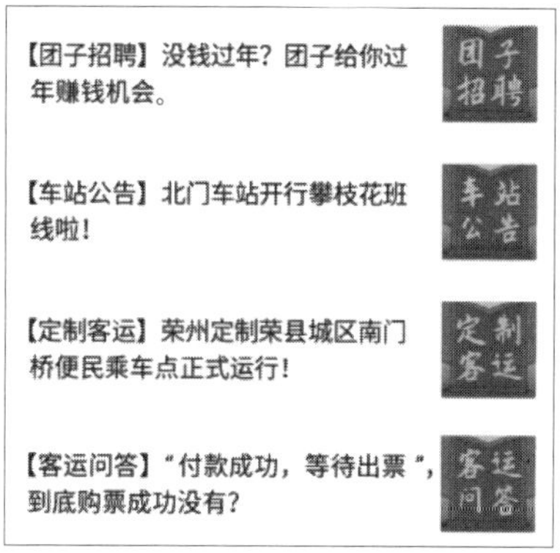　　图4-12　用"【 】"展示文案分类

（3）封面图

微信公众号的封面图一般会使用与推送内容相关的图片，或与产品相关的图片，

如果推送内容分为不同系列，还可以为每个系列设计风格对应的图片。图4-13所示的绘画教程微信公众号的封面图片就是与推送内容相关的图片，其里面多为不同类型的绘画作品。图4-14所示为考研英语微信公众号的封面图片，这些图片则是根据文章系列的不同而设计的。

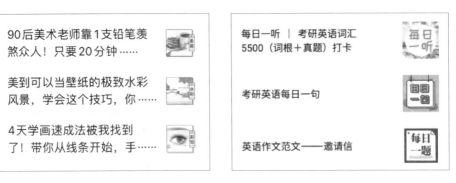

图4-13　绘画教程微信公众号的封面图片　　图4-14　考研英语微信公众号的封面图片

为了表达个性，封面图片也可以使用一些趣味性、带有独特标志的图片，如个人独特的形象图片或带有微信公众号特有Logo、标签的图片。

（4）摘要

摘要是文案封面缩略图下方的一段引导性文字，可以起到快速引导用户了解文案的主要内容，或提出具有吸引力的问题，起到吸引用户点击文案，增加点击量和阅读量的作用。一般摘要会显示在单图文页中，多图文页中则没有，图4-15所示为单图文页的示意图，图4-16所示为多图文页的示意图。

图4-15　单图文页的示意图

图4-16　多图文页的示意图

专家指导

　　有的微信公众号一次只发布一篇单图文文案，其显示区域约为多图文文案的4倍，其内容包括标题、封面图片和摘要，个别会显示"查看全文"文字，具有一目了然的特点。而多图文文案由于文案数量更多，基本仅显示文章标题与封面缩略图。

　　虽然多图文文案在微信公众号上并不显示摘要，但当某篇多图文文案被单独分享出去后，其摘要将被显示，所以文案人员还是需要对摘要进行认真设置的。

　　微信公众号文案摘要的字数在50字以内。摘要的内容要根据标题拟定，若是某活动的文案，可将优惠作为摘要来吸引用户关注。若是推广书的文案，可将书中名句、作者的话、别人的评价等设为摘要，紧扣文案主题。

　　如果选择单图文模式发表文案却不添加摘要，微信会默认将正文的前面几句文字显示为摘要，这样将浪费单图文方案的摘要位置。文案人员在写完正文后仔细阅读，可将文章内容和自己的看法或见解作为摘要，不要表意不清，从而影响用户对文章的第一印象。

　　（5）视觉效果

　　良好的视觉效果可以提升用户的阅读体验，吸引用户浏览和关注微信公众号，因此，在发布微信公众号文案前，文案人员应对微信公众号文案的配色和版式进行设计，下面分别进行介绍。

- **配色**。微信公众号推送文案的配色一般使用与企业或品牌相关的颜色，如果没有品牌色，也应使用比较统一的色调，作为微信公众号的代表色，以提高辨识度。在选择颜色时，尽量使用温和的颜色，否则很容易降低用户的阅读体验。如果文案中需要插入图片，文字颜色也应该与图片相匹配，使整体效果更加协调。

- **版式**。为了保证推送文案整体的美观性和易读性，在进行排版时可以遵循对齐、对比、统一的原则。对齐主要包括左对齐、右对齐和居中对齐3种形式，默认一般为左对齐，在这里文案人员可以根据内容需求选择适合的对齐方式，不同的对齐方式可以混合使用。对比主要是指标题与正文的对比、重点内容与普通内容的对比，以体现标题、正文、重点内容的差异，对比可以使文案更加有条理。统一是指排版样式统一，包括正文内容字体样式一致、重点内容字体样式一致、行距一致、风格一致等。

　　图4-17所示为左对齐和居中对齐混合的文案版式，图4-18所示为标题与正文对比的示例，图4-19所示为排版样式统一的微信公众号文案，且这些排版设计中都运用了配色统一的原则。

  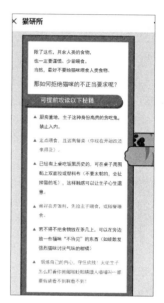

图4-17　左对齐和居中对齐混合　图4-18　标题与正文对比　图4-19　排版样式统一的
　　　　　的文案版式　　　　　　　　的示例　　　　　　　　微信公众号文案

　　好的视觉设计不仅可以增加文案的可读性，还能形成自己的个人风格，与其他微信公众号产生区别。所以，文案人员可以通过精美的视觉效果增加文案在用户心中的好感度，提升营销效果。

 专家指导

　　　　为了让文案的视觉效果更好，文案人员可以使用一些排版工具，如秀米编辑器、135编辑器、Day One、爱排版等。

2. 微信公众号文案的写作方法

　　微信公众号文案能够引导用户，促进用户接受并信任文案所述内容，为了使其效果更好，文案人员往往需要借助一定的方法来进行写作。下面将对各个击破法、核心扩展法、故事引导法和兴趣引出法4种公众号文案的写作方法进行介绍。

　　（1）各个击破法

　　各个击破法是指根据要推广的内容，将产品或服务的特点单独进行介绍，提高文案能够引起用户兴趣的概率。在使用这种方法写作的过程中，文案人员要注意文字与图片的配合，通过详细的说明、亮眼的词汇以及直观有趣的图片充分展示产品、服务和卖点，以吸引用户的注意力。

　　图4-20所示为使用各个击破法写作的微信公众号文案截图，它是某微信公众号上

发布的一篇关于手霜的推荐文案，该文案从手霜研发师的双手、手霜的功效特点、手霜的香味等方面对该手霜进行介绍，以吸引用户注意。

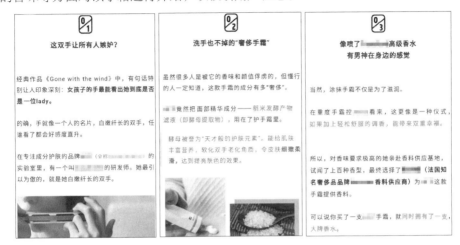

图4-20　使用各个击破法写作的微信公众号文案截图

（2）核心扩展法

核心扩展法是指在文案开头先将核心观点单独列出来，再从能够体现核心观点的方面来进行扩展讲述，使文案始终围绕一个中心点来表述的方法。使用核心扩展法写作的文案很难出现偏题或杂乱无章的情况，对用户的引导作用也较强。

图4-21所示为使用核心扩展法写作的微信公众号文案截图，其在文案开头就将活动优惠直接展示出来，并链接到淘宝官网首页，再通过展示参与活动的服装，吸引用户购买产品。

图4-21　使用核心扩展法写作的微信公众号文案截图

（3）故事引导法

在故事引导法下，文案人员通过讲述一个感人的、有趣的、悲惨的故事，让用户充分融入故事情节，然后在文案快结尾时提出需要营销推广的对象。采用这种写作方法一定要保证故事的特色性和情节的合理性，这样才能使故事更有看点，使推广对象的植入更加合理。

《这个夏天，把清凉送给平凡的城市守护者》

公众号文案《这个夏天，把清凉送给平凡的城市守护者》，以炎炎夏日人们对解暑降温的需求为引入点，通过描述环卫工人、外卖小哥、修鞋匠、出租车司机、安保人员等户外工作者在户外工作的场景，引出为解决他们的解暑降温需求，海尔通过"致敬城市守护者——爱心清凉计划"为40多座城市的户外工作者消暑，为他们送上一丝清凉，如图4-22所示。

图4-22 "故事引导法"公众号文案截图

案例点评：该公众号文案从夏日户外工作者的需求讲起，借助不同工作的户外工作者的工作场景，引起读者对夏日户外高温环境下工作不宜的共鸣，再通过举办活动来缓解户外工作者的问题，体现了海尔传递爱心、热心公益的品牌形象，为海尔的品牌口碑传播提供了很好的传播途径。

（4）兴趣引出法

兴趣引出法是文案人员根据微信公众号定位，结合当前网络流行趋势、所推广产品的特征以及用户的喜好，从用户感兴趣的话题中确定微信公众号文案的选题，进行产品或品牌植入的方法。用户感兴趣的话题包括干货、盘点、分享、热点时事、攻略、游戏、健康、猎奇事件等。

图4-23所示为使用兴趣引出法写作的微信公众号文案截图，该文案以游戏攻略为选题，为用户全面介绍了游戏术法卡的优点、缺点、术法搭配和伙伴搭配，引起用户对术法卡的兴趣，吸引用户进入游戏体验，提高该游戏的人气。

图4-23　使用兴趣引出法写作的微信公众号文案截图

　　结合微信公众号文案的策划和写作方法，按照下列要求，构思和写作下列微信公众号文案。
　　（1）某支持用户自采草莓的草莓园，在某美食推荐类微信公众号上做推广。
　　（2）某少儿补习班欲为新学期招生进行宣传。
　　（3）某旅游类微信公众号推荐景点民宿。

4.2　微博文案写作

　　微博是基于社交关系进行信息获取、分享与传播的社交网络平台，在微博平台上写作的文案，可以向用户传递产品或品牌信息，帮助企业或个人用户树立良好形象，还可以推广营销活动，

扫一扫　看微课

微博文案写作

提高品牌影响力。下面将从微博文案的特点、微博文案的写作方法和微博文案写作的注意事项3个方面对微博文案写作进行介绍。

 课堂讨论

（1）你关注了哪些微博博主，挑选其中5个博主，说说其分享的微博文案具有哪些特点？

（2）分析这5个博主在写作微博文案时，可能运用了哪种写作方法。

4.2.1　微博文案的特点

微博是一种具有鲜明特征的网络媒介，具有平民化、碎片化、交互化以及病毒化的传播特征，受这些特征的影响，在微博平台上传播的微博文案往往具有简练精要、互动性强、趣味化和传播迅速的特点。

- **简练精要**。在这个快节奏的生活大环境下，用户在浏览微博时，常倾向于阅读那些能够在短时间内获得足够信息、不需要自己分析和总结的文案。因此，文案人员在写作微博文案时，应保证文案短小精简、通俗易懂，尽量使用浅显直白的语言传达要表现的意思。图4-24所示为简练精要的微博文案，其文案以简洁的语言描述了Vlog的主题，并罗列了Vlog的主要内容。

- **互动性强**。微博作为一个社交平台，人与人之间的交流性更强，而互动就是文案人员与粉丝进行对话的一个过程。如果发布的文案具有很强的互动性，可以引起用户的参与兴趣，并让用户拥有成就感或是互动的乐趣，就可以使用户转化为忠实粉丝，增强文案的后续转化率。图4-25所示为互动性强的微博文案。在微博中，互动是吸引用户眼球，扩充粉丝的一种十分有效的手段，文案人员应善于利用微博的互动功能。

图4-24　简练精要的微博文案

图4-25　互动性强的微博文案

- **趣味化**。纵观微博就可以看出，在这样一个平台上若文案枯燥乏味，只是简单的讲述，势必不能吸引用户的注意力。社会上的众多网络流行词汇、表情包、热点话题等，大多以微博作为源头，在这样一个丰富多彩的环境下，微博文案具有趣味性的特点毋庸置疑。具体体现在语言的个性化和配图的丰富性上，很多时候，微博文案都会带上各种各样的话题、流行词汇、表情符号。同时，微博文案基本不会仅是文字，不然会显得单调。微博文案多为简短的视频、普通图片、长图、GIF动图、表情包图片、超链接等的组合，形式丰富、趣味性强，图4-26所示为趣味化的微博文案。

- **传播迅速**。在微博中，一篇成功的微博文案会在极短的时间内引起众多用户的转载，达到快速传播的目的，尤其是能激起用户情感共鸣，让用户觉得有趣的微博文案。这些微博文案能够充分把握用户的心理，促使用户进行转发传播。图4-27所示为传播快速的微博文案，在短时间内就达到了100万以上的转发量，充分表现了微博文案传播迅速的特点。

图4-26　趣味化的微博文案

图4-27　传播快速的微博文案

4.2.2　微博文案的写作方法

扫一扫

微博文案快速传播的
技巧

微博文案是信息在微博平台传播的载体，优质的微博文案能够使信息传播取得事半功倍的效果，因此，文案人员在写作微博文案时，必须掌握一定的写作方法。而微博文案可以分为微博短文案和微博长文案两种，其写作方法也有所不同，下面将分别对其进行介绍。

1. 微博短文案的写作方法

微博短文案的字数常在百字左右，且往往搭配图片或视频等出现，其内容简短、精练，语言概括性较强，将想要传达的信息以少量语句展示出来，或将文案内容高度概括，并以图片、视频等作为补充。微博短文案是大多数微博用户都会发布的文案类型，下面将从正文内容、文案标题和微博文案3要素3个方面对微博短文案的写作方法进行介绍。

 **专家指导**

> 虽然微博已经取消字数限制，但根据其平台特点，除了头条文章，微博短文案字数保持在140字以内为宜。

（1）正文内容

微博是自由性、随意性较高的社交平台，文案人员在写作微博文案时，可根据用户的喜好，分析用户的需求，结合当下热点，编写文案内容。下面将从热门话题、故事、关联营销、疑难解答和其他内容5个方面对微博短文案的正文内容进行介绍。

① 热门话题

微博热搜一直是微博用户关注的焦点，所以借助热门话题来进行微博短文案正文的写作，可以使产品或品牌快速引起用户的注意，这种方法也是微博文案人员常用的一种写作方法。但在选择话题时，文案人员要注意热门话题的时效性，不要选择时间久远的话题。此外，还要注意文案的措辞，不要使用生硬、低俗的语言对内容进行牵强的关联，但要保证产品或品牌与话题之间的自然与协调，否则会引起用户的反感。图4-28所示为良品铺子借助热门话题发布的微博文案截图。

图4-28　良品铺子借助热门话题
发布的微博文案截图

 **专家指导**

> 因为微博上信息传播与更新的速度快，许多微博文案都采用了借势营销的方法，如借热词、借时事新闻、借热播剧、借节假日等。

② 故事

有趣的故事总是让人具有新鲜好奇感，让人有继续读下去的欲望，文案人员可以通过将需要营销的产品，嵌入吸引人眼球的新闻事件或虚拟事件，或是采用对话、描写和场景设置等方式，在展现事件情节的同时，凸显隐含的产品信息进行推广。一般来说，文案人员可以借助小说、电影、动漫中的人物讲述故事，也可以借助生活中较为常见的情节讲述故事，增加短文案的可读性，引起用户的好奇和回忆。

案例分析：Burberry博博鼠报到

　　2020年年初，知名漫画家白茶在微博中发布了一条图文微博，其短文案标题为"有的鼠儿能上天，敢跟猫咪肩并肩？"，通过漫画的形式讲述了一位神秘客人来做客的故事。故事从神秘客人——博博鼠到来开始，家中的猫咪吾皇代表大家"欢迎"博博鼠，并献上了"吻手礼"。博博鼠为大家介绍了自己的旅游经历，然而家中甚是呆萌的狗狗巴扎黑，却使得博博鼠完全失去了继续聊天的兴趣，转而提出一起玩游戏"打麻将"，并用麻将堆出了思考者的形象，勾起了猫咪吾皇为白茶的动漫形象增添眼睛的想法。但增添了眼睛的效果却不甚理想，白茶因此表示不用增添眼睛，毕竟"我一年四季只穿电商条纹衫，读者不是依然很爱我吗？"，接着又说："就是一直穿条纹衫在冬天有点冷呢……"。这时博博鼠送来Burberry的围巾，其Burberry的鼠年新春大使的身份也随之被揭晓；最后博博鼠送上给大家的礼物，并邀请大家一起去自己家做客。图4-29所示为白茶微博截图。

图4-29　白茶微博截图

　　案例点评：该微博短文案主要以图文结合的形式，讲述了Burberry的鼠年新春大使博博鼠到家做客的故事，漫画借助其原有角色——猫咪吾皇、狗狗巴扎黑以及白茶，推动情节的发展，将博博鼠完美融入动漫世界，使用户跟随事件的展开，接受Burberry的营销信息，加深了用户的印象。

 专家指导

　　采用以故事表现内容的方法要特别注意措辞，尽量采用积极、主动并具有闪光点的语言来进行描述，让用户产生新鲜感与好奇心，增加文案的可读性与趣味性。

　　③ 关联营销

　　关联营销就是品牌不单为自己撰写宣传或推广文案，还与微博上的其他品牌账号进行关联合作，以此生成话题。关联营销的微博文案在发出之后，经常会引起用户的关注。

例如，在2019年奔驰时任CEO的迪特·蔡澈宣布退休时，宝马就发布了一条微博视频感谢迪特这些年的工作，并@奔驰官方微博，表示"奔驰一生，宝马相伴"，而奔驰官方微博也回应"宝马相伴，奔驰一生"，图4-30所示为关联营销微博短文案截图。

④ 疑难解答

疑难解答是指文案人员选取与人们工作和生活息息相关的话题或普遍面临的问题、疑惑作为选题，并针对性地提出解决方案，这类文案往往能够有效地引起用户的兴趣，若方案行之有效，还能够得到用户的关注与认可。图4-31所示为疑难解答微博短文案截图，文案人员将考研时可能用到的数学公式整理出来，帮助考研用户记忆，为考研用户提供了便利，能够提高考研用户好感度，为微博账号积累粉丝，达到推广目的。

图4-30　关联营销微博短文案截图

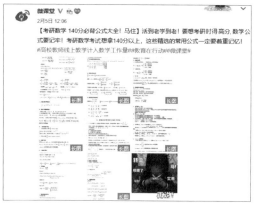

图4-31　疑难解答微博短文案截图

⑤ 其他内容

此外，还有上新预告、寻求共鸣、话题讨论、购物分享、第三方反馈等写作形式，图4-32所示为上新预告的微博文案截图，图4-33所示为购物分享的微博文案截图。

图4-32　上新预告的微博文案截图

图4-33　购物分享的微博文案截图

利用热门话题或故事为某旅游品牌写作微博短文案。

（2）文案标题

文案人员可以在微博中设置一些有趣的标题，用简短的语言概括文案的内容，这样用户就可以快速识别文案内容，也更容易获得用户的好感。例如，图4-34所示为"那些我反复囤货的好物分享！"文案，图4-35所示为"美妆发型教程"文案。

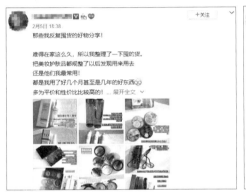

图4-34 "那些我反复囤货的好物分享！"文案　　图4-35 "美妆发型教程"文案

（3）微博文案3要素

微博文案主要是通过对微博进行转发、评论和点赞等互动行为来进行文案的传播，在写作文案的过程中，适当地添加话题"##"、@、链接3个要素，可以增加文案被用户查看的概率，扩大文案的传播范围，提高文案推广的成功率。

- **话题"##"**。"##"代表参与某个话题，在文案中添加话题，可以让微博与话题连接起来，让微博文案被更多用户搜索到，增加微博文案被用户看到的概率。
- **@**。@相当于一个传送带，任何人在微博中都可以@已关注的人或其他人，而被@的人将会收到通知，点击就能看到被@的那条微博的内容。文案人员在微博文案中应至少添加一个微博用户以确保至少有人会读该文案，以提高微博文案被转发分享的概率。
- **链接**。将链接放置在微博文案中，不仅能丰富文案的形式，还有利于实现文案的变现，链接包括网址链接、产品页面链接、文章链接和视频链接等，只要是你认为有用的、可以分享给粉丝的内容都可以以链接的形式放在文案中。如果文案本身的内容能够引起用户的兴趣，那么用户有极大的可能会点击链接查看信息。图4-36所示为带有链接的微博文案，图4-37所示为单击链接打开的详情页面。

图4-36　带有链接的微博文案　　　　图4-37　单击链接打开的详情页面

2. 微博长文案的写作方法

微博长文案一般指微博的头条文章，其篇幅较长，可以表达的内容也较多，常用于表达较复杂的内容。在写作微博长文案时，文案人员需要从微博长文案选题和微博长文案设计两个方面进行思考。

（1）微博长文案选题

微博长文案不同于微博短文案或图片，微博长文案通常需要用户花费更多的时间和精力去阅读，而支撑用户坚持阅读下去的动力，就是微博长文案的内容价值。文案人员需要提前确定目标人群，为目标人群提供有价值的信息服务，所以写作微博长文案时必须针对目标人群的特点和喜好，以激发用户阅读和讨论的热情。微博长文案的内容一般可以是文案人员所在领域或行业的相关知识，也可以是养生或者生活方面的小技巧，还可以是对时下热点、话题等的看法，甚至可以是一篇有阅读价值的软文。图4-38所示为微博长文案截图。

（2）微博长文案设计

微博长文案由于篇幅较长，所以包含的元素较多，其中的标题和摘要、正文内容、表达风格、排版设计等因素都会直接影响微博长文案的阅读量。

图4-38　微博长文案截图

- **标题和摘要**。微博长文案在微博中直接显示的主要信息就是标题和摘要，用户只有对标题和摘要感兴趣并点开微博长文案后，才可能继续阅读微博长文案的正文内容。所以一个好的标题和摘要非常重要。微博长文案的标题和摘要通常比较简练，只要能够快速勾起用户的好奇心和阅读欲望，将微博长文案的内容直截了当地通过标题和摘要表达出来，让用户可以快速确定自己对这篇微博长文案的内容是否感兴趣即可。

- **正文内容**。正文内容应该与标题相匹配，也就是说，正文内容必须要有价值，保证被标题吸引进来的用户不会产生被标题"欺骗"的感觉。

- **表达风格**。表达风格通常与博主的个人写作风格有关，可以是严谨的、精准的，也可以是幽默的、风趣的，当然，文案表达风格应该根据目标用户的爱好来进行调整，以获得更多的阅读量。

- **排版设计**。排版质量直接关系着用户的阅读体验，一般来说文案字号应该适中，其标题、重要句子和词语则可以通过加粗显示的方式，使其能够与文案的其他内容产生对比以更加便于识别，还可以添加一些图片、表情等元素，增加版式的美观性，提高用户的阅读兴趣，图4-39所示为不同版式的文案对比。

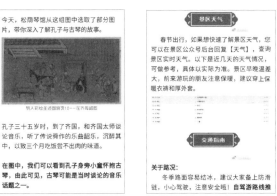

图4-39 不同版式的文案对比

4.2.3 微博文案写作的注意事项

微博平台可以支持文字、图片、音频、视频等文案的不同表现形式，能够调动用户的视觉、听觉。文案人员为保证微博文案对用户的吸引力，应注意以下5个方面的内容。

- **列出文案标题**。在这个信息泛滥的时代，微博作为拥有较大流量的社交平台，每天发布的信息数量都很庞大，用户在浏览微博时，大多只是简单地进行浏览，再选择其感兴趣的内容进行阅读，因此，文案人员在写作微博文案时，可以用简练的语言将文案主题概括成标题，吸引用户点击查看。

- 优化文案。微博平台上的文案以短文案为主，其语言较为简练，为了提高产品或品牌的知名度，吸引更多用户的注意力，文案人员应发挥自己的想象力，适当采用一些写作技巧优化文案，如设置悬念、发起请求、使用网络语言等，以激发用户的好奇心，引起用户注意，从而拉近用户与品牌之间的距离。

- 协调文案形式。微博平台上的文案多由文字与图片、音频、视频等组合而成，为了增加微博文案的趣味性和表现力，文案人员应充分利用多媒体技术，使文字能够与图片、音频、视频等相互配合。

- **选择文案风格。**不同的微博账号的粉丝特点不同，在写作微博文案时，文案人员需要分析粉丝特点，根据粉丝需求，选择合适的文案风格，甚至形成自己独有的风格，提高粉丝的黏性。

- **确定文案角度。**文案人员不仅要使文案语言生动有趣，能够吸引用户注意，还应该选择适合文案的写作角度，提升用户的阅读体验。一般来说，使用第一人称、第二人称写作微博文案，能够增加文案的感染力，更好地拉近与用户之间的距离。

4.3 社群文案写作

社群是由拥有共同爱好或共同需求的人群聚集形成的社交群体，而社群文案则是社群中的文案人员为了引导社群成员产生某种行为而发布的文案。由于社群的群体特性，社群成员在社群中，可能会受到相熟的社群成员影响，从而产生某种消费行为。文案人员必须了解社群文案的形式，掌握有关社群文案的使用场景、社群文案内容的构建方法、社群文案写作的注意事项等内容。

课堂讨论

（1）你参加过哪些社群活动，在活动过程中主持人或管理者发布了哪些文案？

（2）如果你是社群的管理者，现在需要组织一场社群交流活动，你会准备哪些文案？

4.3.1 社群文案的形式

要保证社群健康发展，开展一定的社群活动是必不可少的，根据社群活动的不同，社群文案也可以分为分享类文案、交流类文案和福利类文案3种形式。

扫一扫

社群的类型

1. 分享类文案

分享类文案是指社群中的分享者对社群成员分享知识、经验、感悟，或针对某个话题进行讨论前，需要写作的社群文案。根据社群分享的流程，文案人员一般需要准备的社群文案包括通知文案、暖场文案、控场文案、互动文案、福利文案及宣传文案6种。

- **通知文案**。通知文案是指在确定分享主题、时间等基本信息后，用于通知社群成员相关信息的文案。通知文案能够保证社群成员可以按时参与分享活动，告知更多社群成员分享信息。

- **暖场文案**。暖场文案是指在分享活动开始前，由主持人发送的、能够调动社群气氛、对分享内容和嘉宾等再次进行介绍、引导社群成员做好倾听准备的文案。

- **控场文案**。控场文案是指在分享活动过程中，出现意外情况或干扰因素时，主持人或控场人员发送的文案。控场文案能够在意外情况、干扰因素出现时，保证分享活动的顺利进行。

- **互动文案**。互动文案是指在分享活动过程中，引导嘉宾与社群成员之间进行互动的文案，可保持分享活动的活跃气氛，避免冷场。

- **福利文案**。福利文案是用于介绍分享活动福利的文案，可在分享活动结束前发送，以提高社群成员的积极性，引起社群成员对下次活动的期待心理。

- **宣传文案**。宣传文案是指在分享活动过程中或结束后，用于引导社群成员对分享情况进行宣传的文案。宣传文案也是社群运营方将分享情况总结后在各大平台进行分享传播的文案。

下文是某社群中分享活动的通知文案，用于提前通知社群成员分享活动的信息。

欢迎大家进入×××学习交流群，我是管理员×××，本群将于2021年2月5日，开展交流活动，下面为本次活动的基本信息。

活动主题：如何提高自制力。

活动时间：2021年2月5日20:00-22:00。

活动嘉宾：一个月精读2本书的×××。

活动规则：嘉宾分享时，管理员会开启全员禁言；嘉宾分享结束后，全体社群成员可根据嘉宾发言及自身经验，发表自己的看法或向嘉宾提出问题；发表看法时以"我认为"作为开头，向嘉宾提出问题时，格式参考"×××您好，关于×××（看法），我有×××（疑问），希望您能帮我解答一下。"社群成员们可根据自己的需求适当修改，但需注意使用礼貌用语。活动过程中，任何人不得出现违反群规则的行为，否则按规定惩处。

2. 交流类文案

交流类文案是指社群成员共同参与讨论某一话题活动前，需要准备的文案。在交流前，相关人员必须优先考虑社群中参与交流的人、交流的话题、主持人等，以保证社群交流顺利进行，以及保证社群交流的良好秩序和氛围。交流类文案包括预告文案、暖场文案、控场文案和宣传文案。

- **预告文案**。预告文案与分享类文案中的通知文案相似。预告文案是发布于交流开始之前，用于告知社群成员活动的相关信息，如时间、人物、主题、流程等，以邀请更多社群成员参与活动的文案。

- **暖场文案**。暖场文案用于交流之初，是用于保持交流的积极性，活跃话题活动氛围的文案。

- **控场文案**。控场文案是交流过程中，用于控制交流的时间、流程，保证话题活动顺利进行的文案。

- **宣传文案**。宣传文案是交流结束后，对交流过程进行总结，并用于分享传播的文案。好的宣传文案应该包括交流过程的内容整理、优缺点分析及经验收获等。宣传文案可以提高社群成员对社群的凝聚力，扩大社群的影响范围。

下文为某社群交流的预告文案。

大家好，我是本次交流的支持人×××，此次交流围绕"如何解决自学时看不懂的知识点"这个主题展开，下面我将简单介绍一下此次交流的规则。

（1）我将在群里发一个××人的红包，群员们按照红包领取顺序发言。

（2）在发言完毕后，需要加上"完"作为结束标志。

（3）当一位群员发言完毕后，其他群员可针对该群员的发言提出意见、看法或问题，并进行探讨。

（4）为保证交流的顺利开展，群员不可有违反群规则的行为，否则按照规定惩罚。

（5）交流结束后，欢迎各位群员在微博、QQ空间或朋友圈晒出自己的交流收获！

🎓 专家指导

有些社群比较自由，要求也不太多，因此约束力不强，其社群的活跃度往往会随着时间的流逝逐渐下降，因此，如果想获得更多知识、经验等，大家就需要选择更加专业的社群。

3. 福利类文案

福利类文案是针对社群福利的文案，主要用于给予社群成员奖励。福利类文案可激发社群成员的积极性，保持社群活跃度。一般来说，社群福利包括物质福利、现金福利、学习福利、荣誉福利和虚拟福利5种。

- **物质福利**。物质福利是指对表现优异的社群成员提供物质奖励，一般为实用物品，或者具有社群个性化特色的代表性物品，如社群定制的勋章、笔记本、钢笔、明信片等。

- **现金福利**。现金福利是指对表现优异的社群成员提供现金奖励。

- **学习福利**。学习福利是指对表现优异的社群成员提供学习类课程服务，如免费参与培训、减免课程费用等。
- **荣誉福利**。荣誉福利是指对表现优异的社群成员提供相应荣誉奖励，如颁发奖状、证书、设定的头衔、称号等。荣誉福利若设置合理，可以在很大程度上提高社群成员的积极性。
- **虚拟福利**。虚拟福利是指对表现优异的社群成员提供虚拟的奖励，如积分，当积分达到一定额度的时候，相关人员就可以领取相应的奖励。

虽然福利种类有所不同，但多数福利文案遵循"奖励原因+福利种类+奖励对象"的结构，如下所示。

@全体成员

本期写作课程在今日正式完结，感谢各位同学这几个月来的陪伴，今天我们也将结合各位同学平时的表现以及期末作业的完成情况进行表彰，下面正式开始。

×××同学在学习过程中，积极回答讲师问题，热心帮助其他同学解疑答惑，并在课程结束前，在不同平台投稿21篇，过稿13篇，获得稿酬上千元，是本期写作课程中，当之无愧的第一名。经商讨，我们决定为其颁发荣誉奖励"×××课程优秀结业学员"，以及定制勋章、钢笔、明信片等物质奖励，恭喜×××同学顺利结业，奖品将由我们为×××同学安排寄送。

4.3.2 社群文案的使用场景

从本质上来说，社群只是一个相对熟悉的关系网，要想取得较好的推广效果，文案人员就需要拉近与社群成员之间的距离，了解社群成员的需求，以达到增强社群文案推广效果的目的。在日常运营过程中，社群文案一般可用于以下两种情况。

- **日常问候与交流**。即使是简单的日常问候与交流，也可以拉近文案人员与社群成员之间的距离，增强社群成员对文案人员的信任感，为推广营销打下坚实的基础。
- **分享干货**。社群是由具有相同爱好或目的的人群聚集起来的，因此，文案人员可以结合社群的主题，为社群成员提供有价值的干货，增强社群成员的积极性，提高社群成员的认知水平和社群营销的转化率。此外，文案人员还可以分享一些生活中的小技巧，使社群成员感受到实用性，提高营销的成功率。

4.3.3 社群文案内容的构建方法

优质的社群文案能够为社群成员提供有价值的知识和经验，增强社群成员对社群的黏性，提高社群成员的忠诚度。下面将从明确文案主题、突显文案价值和把握文案组成要素3个部分介绍社群文案内容的构建方法。

1. 明确文案主题

在写作社群文案之前，文案人员需要先明确社群文案的主题，然后围绕主题写作社群文案。在写作社群文案前，文案人员可以选择的主题要能够被用户接受、能够广泛传播，包括大众主题、小众主题、趣味性主题、正能量主题和优惠性主题5种。

- **大众主题。**大众主题是指大众熟悉或者便于理解的主题，如穿搭推荐、菜品做法等。

- **小众主题。**小众主题是为了迎合某一类群体需求的主题。文案人员选用这种主题需要深入挖掘目标群体的需求，再根据其需求和动向快速抢占目标市场，打造属于这个圈子的文化，为他们提供故事等内容，以引起其共鸣，引导其进行传播与分享。

- **趣味性主题。**趣味性主题是指融入了趣味因素的主题，这类主题更能引发社群成员的关注与好感。例如，要推广某个系列的礼服裙，就可以创建一个"裙装设计"活动，让社群成员发挥想象，设计自己理想中的裙装，并将其画下来参与活动，然后从中选择设计较好的，在征得创作人同意后，加入该系列，激发社群成员参与的积极性，达到推广目的。

- **正能量主题。**文案人员利用正能量主题展开人文主义式的营销，不仅能传达积极向上的观念，还能树立良好的品牌形象。例如，将活动与公益结合起来，使社群成员只要参与活动并达到活动要求，就可向某地区捐助×××物资。这类主题不仅人情味十足，还获得了良好的品牌营销效果。

- **优惠性主题。**优惠性主题的商业性更强，常用于推广产品。优惠性主题在知识社群、兴趣社群中较为常见。尤其是在某些学习社群中，文案人员直接展示某本很多人喜欢的书或某课程的优惠信息时，很容易获得不错的成交量。

2. 凸显文案价值

在社群中，文案人员不管需要推广何种产品或品牌，都需要将文案的价值体现出来，才能吸引社群成员的注意力。

社群文案一般通过社群成员的需求或痛点、产品能带来的益处、价格优惠等来吸引社群成员的注意力。例如，在宠物交流群中，某位社群成员询问猫咪最近状态不对，可能是什么原因造成的，那么文案人员就可以根据社群成员的描述、猫咪视频做初步判断，并告诉其"具体情况可以去宠物医院检查一下"，然后向其介绍自己所经营或工作的宠物医院及医生。在推荐时，可以简单讲述一下该宠物医院或医生的看病事例，特别是自己亲身经历的，提高可信度，但需注意，不能过分强调，否则会造成相反效果。图4-40所示为推荐宠物医院的截图。

文案人员还可以通过分享的形式推广文案，但需在文案中显示其实惠、价值高等，文案人员应以自己有朋友已经体验过的事实来增加可信度。例如，某微信公众号发起抽奖活动，要求粉丝分享给朋友后，将截图发送到微信公众号才能参与，虽然粉丝大都明白这是在帮助微信公众号"涨粉"，但是丰厚的奖品足以吸引粉丝进行分享，图4-41所示为抽奖活动文案被分享的截图。

图4-40　推荐宠物医院的截图　　图4-41　抽奖活动文案被分享的截图

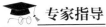 **专家指导**

在某些不限制广告的社群中，文案人员更需要将卖点直白地展示出来，以吸引社群成员的注意力，引起他们的购买需求，所以凸显文案价值性非常重要。

文案人员还可以从为社群成员传递独特的生活方式，让其得到心理和情感上的满足这一点来凸显文案的价值，赢得社群成员的关注。例如，某宠物用品企业组建的养猫社群"撸猫6群"，就通过分享养宠心得、好物推荐、养宠教学以及活动优惠福利等，为社群成员展示了不同的养宠方式，解决了许多养宠问题，受到了社群成员的关注和好感，提高了产品的转化率。图4-42所示为该企业客服在社群中发布的养宠心得。

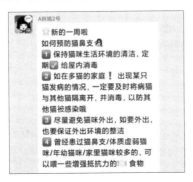

图4-42　该企业客服在社群中发布的养宠心得

3. 把握文案组成要素

即使文案的表现形式有所不同，但其总有共同的组成要素，如产品信息、链接、二维码和@全体成员/@所有人等。

- **产品信息。** 在推荐一款产品时，文案人员需要进行适当的产品信息介绍，让社群成员了解详细的信息以确定他们是否需要该产品。有些社群成员甚至原本没有这方面的打算，但被呈现的某些产品信息吸引后，却产生了消费欲望。图4-43所示为某社群中的图片式文案，文案人员在图片中呈现了产品的特点、价格以及赠品等信息，能够吸引社群成员的注意力；图4-44所示为某社群中对身体乳产品的评价，将其"变白""滋润""不长毛"及"味道还可以"的特点展示出来，以吸引其他社群成员购买该产品。

图4-43 某社群中的图片式文案　　图4-44 某社群中对身体乳产品的评价

- **链接。** 为方便社群成员查看，或是方便社群成员进行相应的操作，一般社群文案中都会附带链接，以提高文案的转化率。

专家指导

若有不能发送链接的情况，可换成口令或二维码的形式，如淘宝链接就是淘口令，社群成员复制该口令后打开淘宝就能跳转到该链接页面。

- **二维码。** 文案人员在社群文案中常增加二维码，方便社群成员直接扫码查看。图4-45所示为带有二维码的图片文案。
- **@全体成员/@所有人。** @全体成员常见于QQ群中，而@所有人则出现在微信群中。文案人员作为群主或者推广人员准备在群里发布文案时，利用@全体成员/@所有人能够保证社群成员都能看到这条信息。但也要注意并不是发送所有内容时都需要@全体成员/@所有人，一般只有在发布有意义的、对他人有帮助的文案时才需要@全体成员/@所有人。图4-46所示为@所有人的社群文案截图。

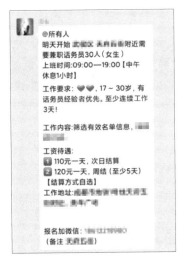

图4-45　带有二维码的图片文案　　图4-46　@所有人的社群文案截图

下面是某社群文案的示例，基本包含了上述元素，如利用了@全体成员，并在文案中展示了本次活动的具体信息、提供了链接等，如下所示。

@全体成员

本周五×××景区三天两夜旅行团还有10个名额，要报名的亲们赶紧呀，×××景区旅游的黄金时期马上就要过去了，错过这次旅行就要等明年了！下面我先介绍一下此次旅行团的大概流程。

（1）周五早上7点整从××出发，集合地点为××市××区××街道××号××酒店门口。

（2）预计中午12点到达此次旅行的第一个目的地——×××，我们将在这里停留一个下午及晚上。

（3）周六早上7点整从××酒店出发，预计上午9点到达第二个目的地——×××，我们将在这里停留到下午4点。

（4）周六下午4点整从×××景区停车场出发，预计晚上7点到达目的地——×××酒店。

（5）周日自由行，下午3点整到达×××景区停车场集合，先回酒店拿行李，预计晚上9点回到出发地。

此次旅行包含3个景点，免费接送，赠送2晚酒店住宿，第6位和第8位报名的社群成员还赠送景点门票！快来报名吧！

报名链接及具体行程展示：××××××××××（链接）。

根据下列要求，写作相应的社群文案。

（1）为某吸尘器产品写作社群文案，要求包含产品信息和链接。

（2）为某数码相机爱好者交流群撰写交流类社群文案。

4.3.4　社群文案写作的注意事项

社群文案是社群平台营销的重要组成部分，要想文案能够取得好的效果，文案人员还需注意输出优质的文案内容，选择合适的文案呈现形式，以及采用简单直白的词句。

1. 输出优质的文案内容

文案人员只有通过输出优质文案内容去吸引和筛选社群成员，形成核心群体，才能够让社群成员意识到文案的价值。

2. 选择合适的文案呈现形式

即使是同样的文案，呈现形式不同，也会有不同的效果。文案人员可以利用与其他管理员、社群成员对话的形式，营造一种双向对话的情景，消除社群成员阅读的疲惫感，或者将文案通过交流分享的模式呈现出来，营造一种轻松愉悦的交流氛围，增加社群成员的接受度。社群在本质上属于交流平台，以聊天形式呈现文案会更加合理，能够减少突兀感。

3. 采用简单直白的词句

在社群文案中，文案人员应避免使用生僻、专业的词语，以免造成社群成员的阅读障碍，以至于放弃深入了解文案内容。因此，文案的关键信息应使用直白通俗的语言表示，以提高社群成员的阅读效率，降低流失率。

4.4　课堂实训

4.4.1　写作微信公众号文案

假设你是某饰品商家，独立经营了一个用于介绍网店产品的微信公众号，现需发布一篇产品上新的微信公众号推广文案，以吸引用户关注，提高产品销售量。

1. 实训要求

（1）对微信公众号文案标题、内容、封面图和摘要4个部分进行创作。

（2）强化微信公众号文案的视觉效果。

2. 实训步骤

根据实训要求，本例将为网店产品上新写作一篇微信公众号推广文案，以达到吸引用户关注，提高产品销售量的目的，具体步骤如下。

（1）创作微信公众号文案的标题、封面图、摘要和内容。本实训要求的微信公众号文案主题为产品上新，其标题可以根据产品名称，设置为"新品上架|××系列：丘比特之箭""上新|丘比特关注你啦"；封面图可以选择产品图片；文案摘要可以讲述产品设计的灵感或产品的寓意，如"拥有丘比特之箭，还怕爱情不乖乖上门？"；文案内容则可以讲述网店产品的特点、设计理念等。

（2）强化微信公众号文案的视觉效果。微信公众号文案的视觉效果可以从配色与版式两个方面进行强化，但需要与微信公众号的整体风格保持一致。例如，配色选择与产品统一的色系，如深浅不同的蓝色，其版式可根据内容需要，选择居中对齐或左对齐，突出不同板块的标题和重点内容。此外，文案人员需注意正文内容的字体样式、重点内容字体样式、行距等的一致性。

4.4.2　写作微博短文案

假设你是某旗袍商家，刚上新了一系列新款旗袍，要发布一条上新微博短文案，提高产品的销售量。此外，还需要发布一条第三方反馈的微博及一条关于旗袍穿搭的微博，来吸引用户的注意力，增加品牌知名度。

1. 实训要求

（1）结合话题，发布一条上新微博短文案。

（2）通过讲述用户与品牌的故事，发布第三方反馈微博文案。

（3）借助热点，发布一条关于旗袍穿搭的微博文案。

2. 实训步骤

根据实训要求，本例将通过发布微博短文案，以达到提高产品销售量，吸引用户关注，增加品牌知名度的目的，具体步骤如下。

（1）发布一条上新微博短文案。上新微博一般为图文结合式的，其短文案可以介绍旗袍设计灵感、制作过程中的趣事，甚至是用料裁剪等，根据实训要求，短文案可以为："#新品上新#那天在回家路上，我突然抬头看到落日，就觉得这时的景色与旗袍很搭，于是我连续观察了好几个地方的落日，拍摄了上百张照片，设计了【夕】系列旗袍。在选择布料时，我也纠结了好久，最后还是选择了香云纱，一则香云纱更能表现【夕】的主题，二则这种布料的手感更好，更符合我的期许，事实证明，我的选择没有错。历时2个月，【夕】系列旗袍终于能够和大家见面了，关注+转发，下周五抽取3位幸运儿各赠送一条【夕】系列的旗袍哦！"

（2）发布第三方反馈微博短文案。根据实训要求，反馈微博需要结合用户与品牌之间的故事，那么文案人员写作该短文案时可以从商家角度或用户角度讲述彼此之间的故事，再将用户的反馈截图展现在微博中。例如，×××（用户名称或昵称）是我们家的老客户了，也是我们的第一批客户，这么多年了，我都不记得她每年要买多少旗袍了。

（3）发布旗袍穿搭的微博短文案。旗袍穿搭文案可以推荐发型、外搭、鞋子、包包，以及饰品等，也可以选择热点，介绍热播影视剧、名人红毯造型以及知名时装秀等。例如，短文案为"当闺蜜、老友说#想见你#，而你衣柜里只有旗袍时，该如何穿搭呢？简约、优雅、知性、文艺？我来告诉你！"，并将详细穿搭方法以短文案的形式展示出来。

4.4.3　写作分享类社群文案

假设你是某考研学习监督群的群主，由于许多社群成员在群里咨询"如何才能快速记忆知识点"，因此你决定在周六开展一次分享活动，并邀请了社群中常为其他成员解答这个问题的社群成员作为嘉宾，现在你需要为此次分享活动写作社群文案，以帮助社群成员解答问题，提高社群成员的凝聚力。

1. 实训要求

（1）写作通知文案、暖场文案、控场文案和互动文案。

（2）文案中至少包含两种社群文案的组成要素。

（3）文案具有明确的活动目的。

2. 实训步骤

根据实训要求，本例将写作分享类社群文案，以保证分享活动的顺利举行，达到帮助社群成员解答问题，提高社群凝聚力的目的，具体步骤如下。

（1）写作通知文案。在写作通知文案前，需要先列出该活动的时间、主题、嘉宾，并通过@全体成员或@所有人的形式，提醒所有社群成员查看。例如，@全体成员本周六我们将针对"如何才能快速记忆知识点"开展一次分享活动，以帮助大家提高记忆效率，为增强考研备考期间的学习效果，要参与的同学们记得准时参加哦，没有时间的也没关系，活动结束后，我们会将此次活动的主要内容整理成文档，方便各位同学阅读学习。另外，如果同学们有需要，可以购买《×××》，学习快速记忆的方法，通过下方链接购买还能优惠15元。活动主题：如何才能快速记忆知识点。活动时间：本周六20:00—22:00。活动嘉宾：×××、×××、×××。

（2）写作暖场文案。暖场文案通常用于活动刚开始时，用于活跃活动气氛，调动社群成员的积极性。例如，同学们好，我是本次分享活动的主持人×××，前段时间许多同学都在群里反映自己在记忆知识点时总是记了又忘，苦不堪言，为了提高同学们的记忆效率，我们开展了此次分享活动，并有幸邀请了记忆力超群的×××、×××、×××同学。熟悉这3位同学的同学可能知道，这3位同学也常在群里帮助大家解答问题，这次我们邀请这3位同学，也是为了向同学们系统地介绍记忆方法，在接下来的两个小时内，这3位同学将为大家进行讲解。

（3）写作控场文案。控场文案用于分享活动过程中，避免活动跑题，以保证活动的顺利开展。写作控场文案时，可根据以往的活动经验，预先准备不同的应对策略。例如，@×××活动过程中，请不要打扰嘉宾发言哦，有问题可以等活动结束再询问，或者请私聊。

（4）写作互动文案。写作互动文案需要结合活动的主题及嘉宾的分享情况。例如，（第一位嘉宾分享完毕后）感谢×××同学的热心分享，×××同学的讲解风趣幽默，理论与实际相结合，给了我不少启发，不知道其他同学有什么看法呢？有问题的同学可以提出来，和大家一起探讨。

4.5　课后练习

1. 假设你是某服装品牌的文案人员，现需写作关于连衣裙的朋友圈推广文案，以吸引用户的注意力，提高产品销售量。

提示：可通过直接推广产品、分享日常生活、介绍产品信息、借助热点展示用户评价等方法进行写作。

2. 写作一篇用于推广某景区的4家民宿的微博长文案。

提示：可采用各个击破法，将不同民宿之间的优缺点分别列举出来，以供用户选择。

3. 某社群要以"家装好物"为主题，开展一次交流活动，现需要你写作活动预告、暖场文案、控场文案以及宣传文案。

提示：可选择不同的社群文案组成要素，写作交流类社群文案。

第 5 章 其他文案的写作

学习目标

随着互联网的发展，企业售卖产品的方式从线下转到了线上，推广产品的方式也从传统媒体转为了新媒体，而这种改变也影响了文案的写作。企业在对产品或品牌进行营销推广时，为了吸引用户的注意力，往往需要针对产品或品牌写作相应的产品文案、品牌故事文案、活动文案、海报文案、视频文案，以及H5文案。本章将对以上6种新媒体文案的写作方法进行介绍，以帮助文案人员更好地掌握不同文案的写作方法。

知识结构图

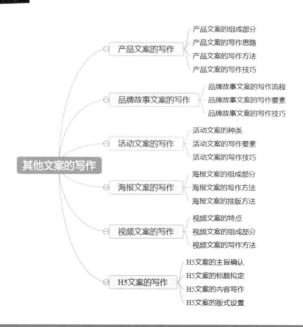

5.1 产品文案的写作

在线上售卖产品时，企业需要对不同产品进行产品介绍，通过产品文案来激发用户的购买欲望，促进用户的消费行为，为企业带来经济效益。下面将从产品文案的组成部分、写作思路、写作方法和写作技巧4个方面对产品文案的写作进行讲解。

课堂讨论

（1）你在购买产品前，会查看产品介绍吗，你一般会关注哪些内容呢？

（2）你为什么更关注这些内容，这些内容对你购买产品有何作用？

5.1.1 产品文案的组成部分

产品文案需要全面展现产品的相关信息，如产品全貌、产品细节、产品属性及设计、产品优惠信息、产品操作演示和产品的其他信息，下面分别进行介绍。

- **产品全貌**。产品文案中必须包括产品全貌，因为网上购物是无实物购物，而产品全貌则可以让用户对产品有整体了解。产品文案中若没有产品全貌，就很容易造成用户流失。但只展示产品部分信息，如服装产品文案，只展示正面，未展示背面，也是不可取的，因为如果用户购买之后不喜欢背面的设计，就会产生退换货纠纷，且容易影响产品的评价。

- **产品细节**。有些对细节比较重视的用户只看到产品全貌很难放心，而细节的描述能让用户对产品更加放心。例如，在台灯的产品文案中加入细节展示的内容，如"加厚底座""水晶玻璃坠饰"等相关细节，就能够增加用户对产品的了解，使用户更加放心。

- **产品属性及设计**。产品文案不仅要介绍产品的功能、材质和规格，还要将这些信息与产品设计的灵感来源、设计师的设计内涵等结合起来进行介绍，这样可以增加用户对该产品的了解。例如，连衣裙的文案会介绍不同尺码的裙长、腰围、胸围和颜色，连衣裙灵感来源，设计理由等信息。

- **产品优惠信息**。许多用户都有求廉心理，比较重视产品的性价比，因此，文案人员可以将产品的促销、满减、赠送等优惠信息展示在产品文案中，以吸引用户的注意力。例如，购买礼服赠送礼盒、买三免一、消费满100元包邮、消费满99元减3元等优惠信息。

- **产品操作演示**。有些产品文案会介绍产品的操作方法。例如，拼装类模型产品、简易家具产品等的产品文案会展示拼装方法。而美容仪、眼霜等的产品文案则会介绍具体的使用手法等。

- **产品的其他信息。**不同的产品文案向目标用户展示的信息不同。例如，针对名人同款衣物的文案，可以向用户展示名人穿戴效果；销量高的护肤品的文案，可以向用户展示产品的月销量。此外，企业还可以将知名品牌辨别真伪的方法放在产品文案中，或为用户提供一些附赠服务，如免费代写贺卡，在钢笔上、台灯底座上刻字等。用户会觉得既贴心又有趣，也会优先考虑提供这些服务的产品或商家。

5.1.2 产品文案的写作思路

不同的产品文案写作思路有所不同，纵观各类产品文案可以发现，这些文案有一定的规律性，文案人员在写作产品文案时，可以根据这种规律，厘清写作思路，根据不同的思路，妥善规划需要展示的信息，下面将对产品文案的写作思路进行介绍。

1. 以图片为中心

图片是一种视觉表现能力很强的表达形式，图片在产品文案中，可以更加清晰、明确地将产品特点展示出来，其常与文字一起构成产品文案，是一种常见的产品文案形式。下面将对产品文案中适合使用图片来表现的部分进行介绍。

（1）焦点图

焦点图一般放在产品文案的最上方，主要用于展现新产品或优惠信息，能够起到直接的推荐作用。产品的焦点图要具有一定的视觉吸引力，能引起用户的注意和点击查看的欲望。图5-1所示为产品文案中的焦点图。

图5-1　产品文案中的焦点图

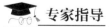 专家指导

> 焦点图还可以图片组合轮播的形式出现，常用于显示优惠信息或主推产品。

（2）产品全图

产品全图是指全面展现产品信息的图片，如展示产品不同角度、不同颜色和不同款式的图片。产品全图会在产品文案中展示产品的不同组成部分，或产品的多种颜色，并提供产品的正面图、侧面图和背后图。图5-2所示为某品牌小白鞋的产品全图。

图5-2　某品牌小白鞋的产品全图

（3）产品细节图

产品细节图是指展示产品细节的图片，不同产品需要展示的细节不同，如配饰类产品需要展示产品的花纹、工艺等，而服饰类产品则需要展示产品的款式、做工、面料、辅料和内部等不同细节。下面以服饰类产品为例对展示的产品细节进行介绍。

- **款式细节**。款式细节主要指产品的设计要素，如领口、袖口、口袋和系带等。
- **做工细节**。做工细节主要指产品的走线、接缝、里料、包边等。
- **面料细节**。面料细节主要指产品的材质、纹路和面料等。
- **辅料细节**。辅料细节主要指产品的辅助细节，如商标、颜色和点缀。常见的点缀包括绣花、印花、错色拼接等。
- **内部细节**。内部细节主要指产品的内部构造，如包有无内袋，打底衫是无绒的、薄绒的还是厚绒的等。

这些细节的展示能够加强用户对产品品质的信心。图5-3所示为某服装的细节展示。

图5-3　某服装的细节展示

专家指导

产品的细节图要清晰、便于观看，最好能够使用高清相机拍摄，而不是在产品全图的基础上直接裁剪。

（4）场景图

场景图是指借助某一地点、人或物品与产品组成的画面。产品文案中的场景图可使用用户使用产品的实拍图片，也可使用将产品置于某生活化场景中拍摄而成的图片，还可以使用与产品相关的图片，如产品的生长环境图、制作过程图等。场景图可以使产品更具生活气息，增加产品的吸引力和用户的亲近感。图5-4所示为单肩斜挎包、发饰和耳环产品文案中的场景图。

图5-4　单肩斜挎包、发饰和耳环产品文案中的场景图

2. 以产品为中心

在进行网上购物时，由于没有销售员向用户实时介绍产品，用户也无法亲身体验产品效果，为促进用户产生消费行为，提高产品的销售量，文案人员应该将产品的功能、性质以及特点等，通过产品文案清楚地展示给用户，方便用户挑选产品。写作以产品为中心的产品文案应做好前期准备，完善产品展示页，强调产品特色，并展示产品完好性，此外，还需注意产品展示的前后顺序。

扫一扫

产品卖点提炼

（1）做好前期准备

文案人员充分了解并熟悉企业的产品十分重要。在熟悉过程中，不仅要熟悉产品的材料、功能、价格和类型，还要对产品的使用说明了如指掌，这样才能熟练地组织

语言进行产品的介绍，使产品文案在用户心中留下良好的印象。

对于某些需要运用专业技术知识来介绍的产品，文案人员不能以自己的理解来随意进行描述，必须及时向相关专家或供应商请教技术知识方面的问题，不能出现名词解释、专业词汇不当等最基本的错误。

此外，文案人员还可通过以下几个方面了解产品信息，为产品文案的写作奠定基础。

- **产品与用户需求**。用户购买产品一般是为了满足自身的需求。因此在写作文案前，文案人员需要详细了解产品与用户需求，了解用户的愿望和动机，根据不同用户的需求，展现产品的不同特点，提高产品的销量。
- **产品的性价比**。用户对产品的喜好是不同的，有些用户喜欢经久耐用的产品，有些用户喜欢奢侈华丽的产品，有些用户喜欢价格低廉的产品，但不管购买什么样的产品，质量和价格都是用户最关心的问题。因此，商家的产品是否物美价廉就成了用户购买产品的首要条件。文案人员在产品文案编写的过程中，要充分了解产品，并通过文字表达出产品的高性价比，以达到吸引用户购买的目的。
- **产品的优缺点**。一名优秀的文案人员一定要非常熟悉产品的优缺点。因为只有这样，才能在写作文案时弱化产品的缺点，突出产品的优点，让用户产生消费行为。
- **产品的使用及售后**。无论是什么产品，用户都不希望它在短期内报废，因此，产品文案必须要让用户知道产品的使用方式及售后信息，打消用户对产品质量的顾虑。一般而言，这部分内容应包含产品使用寿命、保养技巧、退换货方式、保修期等。

（2）完善产品展示页

产品展示页是产品文案中十分重要的内容。文案人员需要根据了解的信息，策划有创意的展示说明方案，并根据策划的方案完善产品展示页。一般来说，可从以下5个方面进行。

- 找出用户的痛点，针对用户的痛点进行设计。
- 列出产品的特性及优点。
- 挖掘用户最希望改善或希望被满足的需求。
- 按产品的特性、优点及利益进行组合。
- 按产品能够带给用户的利益进行优先组合。

（3）强调产品特色

网店与实体店最大的不同在于，网店不受环境、地点、时间及用户等因素的影响，它可以向网络中的任何用户展示自己的产品，拥有广泛的用户群体。因此，文案人员在向用户展示产品时应着重展示产品的特色和特殊功效，体现产品在同类产品中的优势，以及与其他产品的区别。图5-5所示为挂烫机的产品文案截图，该挂烫机的产品文案就着重强调了其小巧便携和一次熨烫衣物数量多的产品特点。

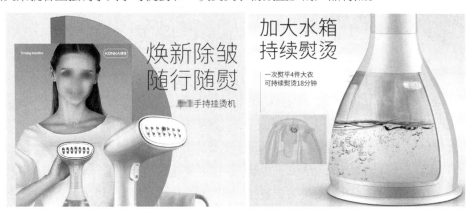

图5-5　挂烫机的产品文案截图

同时，文案人员还应该合理展示产品情况，通过文字侧面提升产品的品质。例如，要销售的产品体积很小，可强调它节省空间、便于携带；要销售的产品体积较大，可强调它存储空间大，一物多用。总之，要根据产品的性能和服务对象，有针对性地强调产品的特点并加以介绍，这样才会达到更好的营销效果。

专家指导

写作文案时一般要循序渐进地介绍卖点，且将核心卖点放在文案的中部或中上部，其对应的描述语言也应该生动易懂、由浅入深，以达到引人入胜的效果。

（4）展示产品完好性

文案人员在介绍产品时，应注意将产品、赠品及包装等进行展示，向用户证明产品完好，打消用户对收到产品时有遗漏或损坏的担忧，增加用户的好感度。图5-6所示为草莓产品文案截图，其通过"每颗草莓加防震网套""摆入环保托盘中固定""真空包装""环保保温箱"等相关图片展示及文字叙述，展示产品的完好性，增强用户的信任感。

图5-6　草莓产品文案截图

（5）注意产品展示的先后顺序

在进行文案写作时，文案人员要注意产品展示的先后顺序，一般来说，应该先向用户展示产品的特点，后向用户介绍产品的基本性能与作用。描述的语言也应该由浅入深，不能一开始就写一些深奥的专业性词汇，或是不从用户的实际需求出发，使用一些自以为能够宣传产品的专业性描述，从而引起用户的反感，导致用户流失。文案人员应该用语浅显，生动易懂，由浅入深地介绍产品，达到引人入胜的效果。

3. 以用户为中心

以用户为中心就是在设计文案时，从用户的角度考虑问题，并针对用户关心的问题，丰富产品文案的内容。对于用户来说，除了产品，其较为关心的内容包括使用效果和售后问题。

（1）使用效果

很多用户在使用产品之前可能会对产品的使用效果存疑，这时候，文案人员可以通过第三方评价、产品销量、实体店信息、权威认证信息或采购说明，以及常见的疑难问题解答等方式让用户对产品产生信赖感，从而使用户产生购买欲望。下面对常见的4种方式进行介绍。

- **第三方评价**。第三方评价是指有经验的用户对购物过程和使用效果进行的评价。第三方评价是许多用户在网络购物时会查看的内容。第三方评价一般是用户的客观描述，可以有效地帮助用户分辨信息的真实性，加深对产品的了解，具有较为公正和客观的参考性。因此，文案人员可以从用户评论中选取某些不错的描述产品的评价或比较公正的评价，将其应用到产品文案中，加深用户对产品的信赖感。图5-7所示为某毛球修剪器产品文案的第三方评价截图。
- **产品销量**。产品销量可以向用户展示产品的卖出总量，销售势头等信息，甚至是远超同类产品的销量。图5-8所示为某美白产品的销量展示。

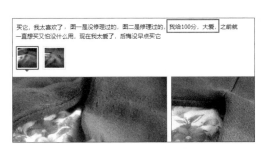

图5-7　某毛球修剪器产品文案的第三方评价截图　　图5-8　某美白产品的销量展示

- **实体店信息**。实体店信息可以向用户展示网店或产品的实体店在店铺规模、团队人员组成、技术分工和生产厂家等方面的优势，能在一定程度上体现店铺的

实力，是用户评估店铺产品质量的一个重要方面。图5-9所示为某面霜产品文案
截图，展示了销售该面霜产品的全国各地的实体店，并挑选上海的实体店进行
展示，这可以增强用户的消费意向。

- **权威认证信息。**文案人员可在产品文案中添加专业权威机构对产品的认证信
  息，增加产品的权威性。图5-10所示为某脱毛仪器的产品文案截图，其以产品
  曾获过的奖项增强其权威性。

图5-9　某面霜产品文案截图　　　　　图5-10　某脱毛仪器的产品文案截图

（2）售后问题

用户即便觉得产品不错，但还是会有一些其他的顾虑，如产品使用的方法、不满
意时的解决方案、退换货的要求、退换货时的运费等。文案人员需要根据产品的具体
情况，选择会影响用户购买决策的问题进行解答并给出承诺，消除用户的顾虑。
图5-11所示为关于退换货保障的产品文案截图。

图5-11　关于退换货保障的产品文案截图

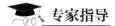 **专家指导**

> 有些网店有大量实体门店，如果这些网店在产品文案中告知用户能为用户提供"网上下单，门店自提"的服务，也有利于获得更多的客户。

5.1.3　产品文案的写作方法

确定了产品文案的写作思路后，文案人员就需要对产品文案的具体内容进行写作。在对产品文案的具体内容进行填充时，文案人员需要先提炼产品的卖点，将其进行梳理才能更好地展示产品特点，促进用户购买产品。

一般来说，产品文案要点的提炼方法可参考第1章所讲的九宫格思考法、金字塔结构法和第3章所讲的三段式写法，其写作要点不外乎是产品属性规格的介绍、功能特点分析、细节的展示与阐述、物流、售后、购买须知、卖家心得体会、买家感悟等，有时还包含品牌文化理念、产品搭配链接、店家推荐及其他附加内容。文案人员可自由选择，组合产品优势提炼卖点，当得出卖点后，再使用要点延伸法对卖点进行具体的分析与组合。

要点延伸法是将产品特点一个个排列开，再针对各点进行展开叙述的方法，它能丰富产品文案，为产品文案提供资料来源，使产品文案内容更加细致。文案人员可按要点延伸法进行内容的延伸。图5-12所示为要点延伸法。

图5-12　要点延伸法

例如，使用要点延伸法为某款抱枕写作产品文案，可以对抱枕的不同要点进行延伸，最后总结延伸，进行写作：要点一"适合不同场景"，延伸为"十种颜色任选、5种规格、可支持定制尺寸"；要点二"功能强大"，延伸为"靠背、盖被、舒适午睡、一枕多用"；要点三"性价比高"，延伸为"代写贺卡、礼品包装、2件9折"。文案人员可以通过文字并搭配精美的图片将产品特点体现出来。

此外，为提高产品文案要达到的效果，文案人员还需注意使用个性化的语言，并统一文案整体风格。

- **个性化的语言**。在互联网迅速发展的今天，很多产品文案千篇一律，没有自己的特色和亮点。如果产品文案能独树一帜，创造独特的语言描述风格，不仅会吸引用户的注意力，还能引领文案潮流，成为真正的赢家。
- **统一叙述风格**。在写作产品文案时，文案人员需根据产品特点，统一文案的展示风格、版面风格和图片样式等，达到优化产品文案视觉效果的目的。统一的叙述风格能提高用户的阅读感受，增加用户的购物欲望，提高产品的销售量。

课堂活动

为图5-13所示的DIY手工荷包产品设计产品文案，要求如下。

（1）产品文案以产品为中心进行写作。

（2）使用要点延伸法，列出至少3个要点。

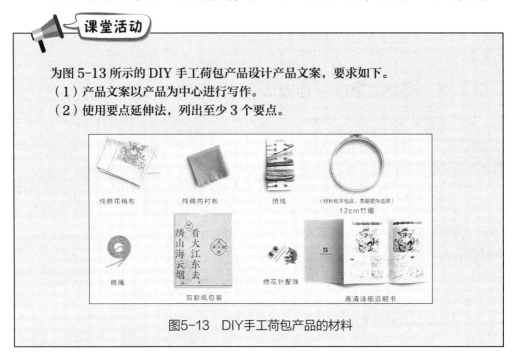

图5-13　DIY手工荷包产品的材料

5.1.4　产品文案的写作技巧

在写作产品文案时，文案人员可通过体现产品价值、抓住用户痛点、调动用户情感、按照写作顺序、紧贴品牌定位和其他写作技巧6个方面，学习并掌握产品文案的写作技巧。

1. 体现产品价值

产品价值分为产品的使用价值和非使用价值。产品文案不仅要体现产品的使用价值，还要体现产品的非使用价值。

（1）产品的使用价值

使用价值是产品的自然属性，是产品之所以存在的关键。例如，沐浴露的使用价值是清洁身体、冰箱的使用价值是延长食物保鲜时间、水杯的使用价值是盛装饮品。图5-14所示为抱枕产品文案截图。

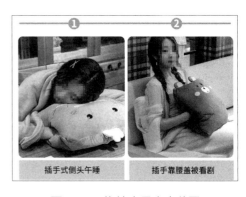

图5-14　抱枕产品文案截图

（2）产品的非使用价值

非使用价值是产品使用价值之外的其他附加价值。通过挖掘产品的非使用价值，设计符合用户需求的非使用诉求，可以赋予产品更加丰富的内涵，增强产品的吸引力。例如，对于一款手工制作的木梳，不仅可以讲述其使用价值"梳头"，还可以从其适合送礼和具有收藏价值等非使用价值方面增强用户的购买欲望。

非使用价值通常也叫存在价值（有时也称为保存价值或被动使用价值），它是指人们在知道某种资源的存在后，赋予资源的存在价值。

有很多店铺的文案人员在写作产品文案时只体现了产品的使用价值，而忽略了产品的非使用价值，从营销的角度来讲这是不完整的。通过挖掘产品的非使用价值，设计符合用户需求的非使用诉求，可以提升产品的价值，给产品赋予更加丰富的内涵。产品的非使用价值可以从产品的附加价值、文案中的身份和形象、职业相匹配度等角度来进行挖掘。

例如，一款礼服裙的使用价值是为用户解决正式场合的着装问题，文案人员可以从附加价值方面挖掘其非使用价值，如赫本同款、某时尚秀同款、某名人同款，既性感又显气质，立体裁剪版型，搭配修身长裙，立显性感身材等。这样可以为这款礼服裙增加更多非使用价值，促进用户的消费行为。

2. 抓住用户痛点

痛点是指尚未被满足的，而又被广泛渴望的需求。例如，用户使用充电宝的痛点是充电速度不够快、不便携、充电接口不够等。文案人员可以设身处地地从用户的角度思考其必须购买这款产品的理由，以用户的痛点带动产品的销售，加深用户的认同感，增强用户的购买欲望。

此外，文案人员还要深度挖掘用户购买这款产品所关心的问题，如用户在购买婴幼儿衣物时，会更关注是不是纯棉制品；女性在购买凉鞋时，会关注鞋子是否合脚、是否存在磨脚的情况。

3. 调动用户情感

产品文案虽然多是图文并茂的卖点罗列，但这样的描述也会让用户产生审美疲劳。因此文案人员在产品文案的写作过程中，可以通过情感的渲染和独具特色的语言风格，调动用户对产品产生不一样的情感，以提高用户的认同感。调动用户情感的方法可概括为以下两种。

- **增强故事性**。产品文案的写作方法有多种，文案人员可以讲述产品的设计过程、生产过程中的故事，将用户带入文案中，增强产品的故事性。图5-15所示为某连衣裙产品文案截图，文案人员将连衣裙生产过程中的曲折故事讲述了出来，给用户一种该连衣裙历经千辛万苦终于上线的不易感，使用户更容易为其买单。

- **凸显个人风格**。由于品牌独特的文化理念和风格，产品文案会呈现不同的特色，有的活泼俏皮、有的温柔知性，但都很"走心"，人情味十足，能迎合很多不喜欢"冷冰冰、缺乏人情味"产品介绍的用户需求，使用户对产品设计更加理解与认同。图5-16所示为某婚纱产品文案截图，文案人员将婚纱的灵感来源、设计过程用温柔的话语一一道来，仿佛让用户看到了设计师一点点完成整个设计的过程，拉近了用户与卖家的距离。

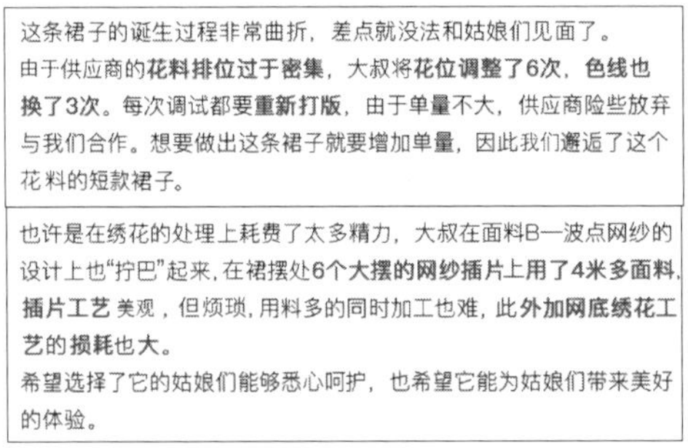

这条裙子的诞生过程非常曲折，差点就没法和姑娘们见面了。
由于供应商的花料排位过于密集，大叔将花位调整了6次，色线也换了3次。每次调试都要重新打版，由于单量不大，供应商险些放弃与我们合作。想要做出这条裙子就要增加单量，因此我们邀返了这个花料的短款裙子。

也许是在绣花的处理上耗费了太多精力，大叔在面料B一波点网纱的设计上也"拧巴"起来，在裙摆处6个大摆的网纱插片上用了4米多面料，插片工艺美观，但烦琐，用料多的同时加工也难，此外加网底绣花工艺的损耗也大。
希望选择了它的姑娘们能够悉心呵护，也希望它能为姑娘们带来美好的体验。

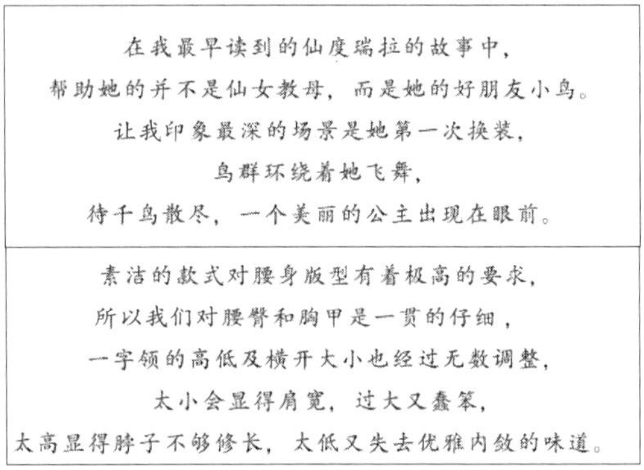

在我最早读到的仙度瑞拉的故事中，
帮助她的并不是仙女教母，而是她的好朋友小鸟。
让我印象最深的场景是她第一次换装，
鸟群环绕着她飞舞，
待千鸟散尽，一个美丽的公主出现在眼前。

素洁的款式对腰身版型有着极高的要求，
所以我们对腰臀和胸甲是一贯的仔细，
一字领的高低及横开大小也经过无数调整，
太小会显得肩宽，过大又蠢笨，
太高显得脖子不够修长，太低又失去优雅内敛的味道。

图5-15　某连衣裙产品文案截图　　　图5-16　某婚纱产品文案截图

4. 按照写作顺序

纵观互联网中的产品文案，可以看出这些产品文案往往是按照一定的顺序进行写作的，文案人员也可以根据这个既定顺序，结合产品的具体情况进行分析与写作。一般来说，产品文案常按照以下顺序进行写作。

- 品牌介绍（也可放到最后）。
- 焦点图（引起用户的阅读兴趣）。
- 根据目标用户群体设计场景图，用于激发用户的（潜在）需求。
- 产品详细的图文介绍，用于赢得用户的信任。
- 产品的非使用价值体现，最好通过图文搭配的形式来展现。
- 在图文部分或产品文案结尾附上关联推荐产品的信息。
- 为什么购买本产品，即购买本产品的好处有哪些。
- 不购买本产品会怎么样。
- 同类型产品的对比，包括价格、品质等。
- 用户评价或第三方评价，增加其他用户的信任度。
- 拥有本产品后的效果，给用户一个百分之百购买的理由，如自己使用、送父母、送恋人或送朋友等。
- 发出购买号召，为用户做决定，即为什么需要马上在此店购买。

- 购物须知，包括邮费、发货和退换货等。

需要注意的是，以上顺序只能作为文案人员写作产品文案的参考。为提高产品文案的质量，文案人员可以先浏览并分析同行业销售量靠前的产品文案，然后参考其布局方式和写作方法，创作符合本网店风格的产品文案。

5. 紧贴品牌定位

文案写作一定要与用户群体的需求相贴合，紧贴品牌定位，不断强调自己的优势与特色，才能打动用户。例如，花朝记、汉尚莲华等品牌的定位为原创汉服，它们就抓住了汉服爱好者对汉服的喜爱，从诗词、出土文物中寻找灵感，设计汉服，通过文艺的语句讲述设计灵感和产品特色，吸引了汉服爱好者浏览。图5-17所示为花朝记产品文案截图，图5-18所示为汉尚莲华产品文案截图。

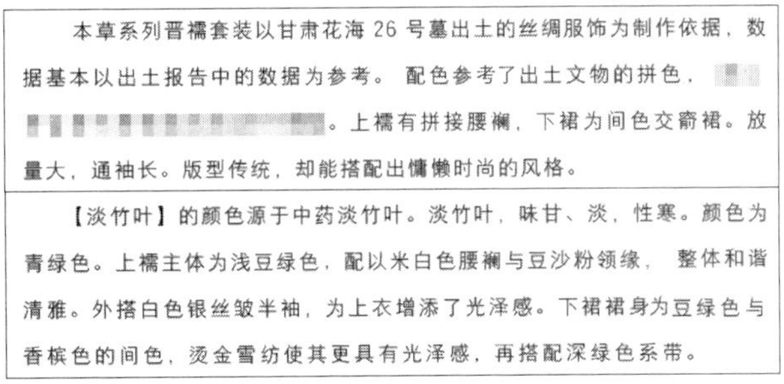

本草系列晋襦套装以甘肃花海 26 号墓出土的丝绸服饰为制作依据，数据基本以出土报告中的数据为参考。 配色参考了出土文物的拼色，█████████████████。上襦为拼接腰襴，下裙为间色交窬裙。放量大，通袖长。版型传统，却能搭配出慵懒时尚的风格。

【淡竹叶】的颜色源于中药淡竹叶。淡竹叶，味甘、淡，性寒。颜色为青绿色。上襦主体为浅豆绿色，配以米白色腰襴与豆沙粉领缘，整体和谐清雅。外搭白色银丝皱半袖，为上衣增添了光泽感。下裙裙身为豆绿色与香槟色的间色。烫金雪纺使其更具有光泽感，再搭配深绿色系带。

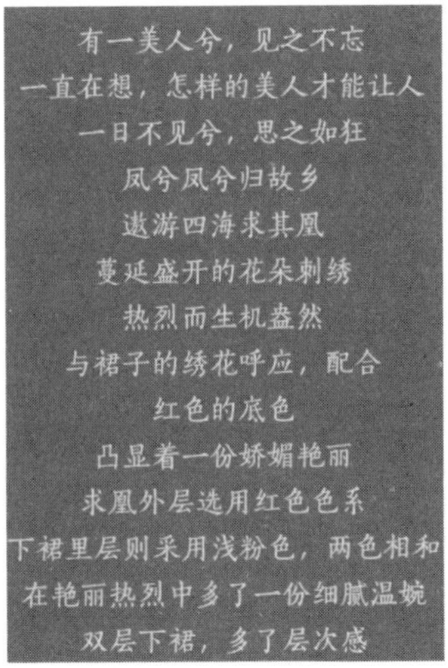

有一美人兮，见之不忘
一直在想，怎样的美人才能让人
一日不见兮，思之如狂
凤兮凤兮归故乡
遨游四海求其凰
蔓延盛开的花朵刺绣
热烈而生机盎然
与裙子的绣花呼应，配合
红色的底色
凸显着一份娇媚艳丽
求凰外层选用红色色系
下裙里层则采用浅粉色，两色相和
在艳丽热烈中多了一份细腻温婉
双层下裙，多了层次感

图5-17　花朝记产品文案截图　　　　图5-18　汉尚莲华产品文案截图

6. 其他写作技巧

文案人员还可利用对比和色彩元素，使产品文案更具表现力。

（1）利用对比

文案人员可以选择一些用户关心的问题，做产品对比，以突出该产品的优势，如从产品质量、功能和服务等多方面进行比较，对具体问题进行具体分析。例如，护肤品可从适合肤质、吸收效率、护肤效果、成分等方面进行对比，果汁类产品可从水果含量、营养价值、口感等方面进行比较。图5-19所示为某浴巾产品文案截图，该文案通过浴巾所选用的埃及棉与普通棉之间纤维和细节的对比，证明该浴巾的触感更加柔软。

  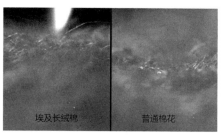

图5-19　某浴巾产品文案截图

（2）善用色彩元素

在写作新媒体文案时，文案人员需要注意文字、图片等不同元素之间的色彩搭配，以视觉感受为主的产品文案，更应该注重色彩元素的使用。不同的色彩能够给用户带来的惊喜与视觉冲击感是不同的，因此，灵活运用各种色彩元素，可以让产品文案更加丰富。关于色彩使用有以下注意事项。

- 熟悉各种颜色对应的感情，根据自身店铺、产品和促销活动等特点来确定选择哪一种颜色的文案背景。
- 背景颜色不宜太多，要保证背景看起来协调且符合大众审美。
- 对于颜色较为丰富或品质较高的产品，建议使用纯色背景，尤其是白色背景，能更好地展现产品风貌。
- 善于利用颜色的衬托作用。例如，纯银饰品可以使用白色、浅灰色的背景进行衬托。

5.2　品牌故事文案的写作

扫一扫　看微课

品牌故事文案的写作

对企业来说，品牌故事是一个十分重要的部分，它能够体现品牌理念，向用户传达品牌的文化，深化品牌形象。商家利用品牌故事进行营销，可以减少品牌与用户之间的疏离感，增进用户对品牌的情感。本节将对品牌故事文案的写作流程、写作要素和写作技巧进行介绍，帮助文案人员掌握品牌故事文案的写作方法。

 课堂讨论

（1）你了解哪些品牌的故事，这些品牌故事有什么共同点？

（2）你喜欢的品牌，其官网或者官方旗舰店中，都是怎么介绍它们的品牌故事的？

5.2.1　品牌故事文案的写作流程

文案人员在写作品牌故事文案时，应先收集整理文案资料，提炼品牌主题，然后撰写文案初稿，再浏览、修改文案，完成后选择合适时间将其传播出去。

1. 收集整理文案资料

文案人员想写出生动的品牌故事，就必须对品牌本身进行深入地探究与分析，了解品牌的定位、文化内涵、需要表达的诉求、品牌面对的消费群体、竞争对手。只有在具备深厚的知识储备后，才能写出超越竞争对手的品牌故事，因此，文案人员在写作品牌故事文案前首先要做好收集整理文案资料的工作。

2．提炼品牌主题

品牌主题是指目标品牌在品牌自身因素和环境因素的双重约束下，在品牌设计中对该品牌价值、内涵和预期形象做出的象征性约定，它来源于品牌历史、品牌资源、品牌个性、品牌价值观和品牌愿景等，包括基本主题和辅助主题，通常透过品牌名称、标志、概念和广告语等进行表达传递。

当收集到足够的信息后，文案人员就可以从这些信息中提炼品牌主题，以品牌为核心，通过对品牌的创造、巩固、保护和扩展的故事化讲述，将与品牌相关的时代背景、文化内涵、社会变革或经营管理理念展示出来。

3. 撰写文案初稿

完成准备工作后，文案人员就可以着手写作品牌故事文案了。在写作品牌故事文案时，文案人员需要将品牌理念和品牌的各种内在因素一一表达出来，让人们可以轻松了解品牌在发展过程中所经历的事情。品牌故事文案可以是浪漫的、励志的，也可以是温馨的、感人的，但好的品牌故事文案一定要有起伏的情节和丰富的人物情感，如此才能打动用户，给用户留下深刻的印象。

一般来说，品牌故事文案的撰写角度有3种：第一种是技术的发明或从原材料中发现故事，如可口可乐配方的故事；第二种是品牌创建者的某段人生经历，如王老吉创始人王泽邦曾用几味草药治好林则徐；第三种是品牌发展过程中所发生的典型故事，如李宁品牌创始人在鸟巢奥运会"高空漫步"点燃火炬。在写作品牌故事文案时，文案人员必须从事实出发，赋予品牌人性化的故事背景，以此打动用户，使他们接受品牌、认同品牌。产品、感情、人是品牌故事中不可缺少的要素，只有将产品与人紧密联系在一起，再融入真挚的情感，才能让品牌故事变得饱满，从而达到吸引并感动用户，最终达到品牌传播的目的。

4. 浏览、修改文案

文案人员在写作品牌故事文案的过程中，可能会出现用词不准确等问题。因此，在写完品牌故事文案初稿后，文案人员还需再次浏览该文案，对其进行通读和校对，保证没有错别字，不存在语法问题。

另外，品牌故事文案还会根据企业的发展而发生变化，此时文案人员就需要根据企业发展过程的变化来进行写作，在品牌故事文案中融合企业新的理念和产品特色。例如，2013年海尔进入了第五个战略发展阶段——网络化战略，决定向平台型企业转型，与阿里巴巴进行合作。2016年海尔空调研发部门在HOPE上发布创客项目筛选合作机构，同年8月推出海尔"自然风"空调系列。这些都可以写入品牌故事文案中，形成与时俱进、不断更新的品牌故事。

5. 选择传播时间

在对品牌故事文案进行修改，并再次浏览确认后，文案人员就可以选择合适的时间，对品牌故事进行传播，以此获得目标用户群体的认同，加深用户对品牌形象的认知和好感。

5.2.2　品牌故事文案的写作要素

故事就是通过叙述的方式讲述一个带有寓意的事件，侧重于对事件发展过程的描述，是一种表达思想感情的叙事类文体。在写作品牌故事文案时，文案人员需要将故事的背景、主题、细节和结果写出来，还需写作故事能够给人带来的感悟。

1. 背景

故事背景即向用户交代的故事的基本情况，包括在什么时候发生、有哪些主要人物、故事发生原因等，即故事的时间、地点、人物、起因等。下面以良品铺子品牌故事文案为例，讲解如何介绍故事的背景。

2005年，杨红春从科龙电器离职后，就加入了久久丫，并向顾青和梁新科学习如何作为职业经理人向创业者转型。用了将近一年的时间，与大学同学张国强一道，拜访了100多家企业，走遍了武汉的大街小巷，编写了三版商业计划书……

专家指导

> 背景介绍并不需要面面俱到，只要说明故事的发生是否有什么特别的原因或条件即可。

2. 主题

主题是指故事内容的主体和核心，是文案人员对现实生活的认识、对某种理想的追求或对某种现象的观点，通俗地说就是你要表达或表现的内容。主题往往决定作品价值的高低，它不像论文那样明明白白地被说出来，也不是由文案人员把自己的观点和想法硬生生地贴上去，而是融入人物形象、情节布局、环境描写中，需要用户整体把握、分析和挖掘。

主题可以通过以下5种途径进行表述。

- **背景**。背景可以更好地深入分析人物形象，把握故事主题。
- **人物**。人物是故事思想主题的重要承载者，人物形象的塑造可以很好地反映故事所要表达的主题思想，揭示某种思想或主张。
- **环境**。通过对社会环境或生活环境的描写来揭示或暗示某种思想，同时结合人物思想性格的背景描写，可以很好地表述故事所要表达的主题。
- **情节**。情节在故事中起着穿针引线的作用，它可以将故事的开始、发展和结束串联起来，形成一个完整、鲜活的故事。情节的展开可以推动故事的发展，让故事层层深入吸引用户浏览。
- **抒情语句**。故事一般不会直白地表达主题，有时会通过一些抒情的语句来表现故事的主题。

例如，某饰品品牌用"有故事的跨界原创饰品"，总结了该品牌诞生的原因及文化理念，向用户传达了产品"有故事""跨界"的特点，深化了品牌形象。

3. 细节

细节能够使故事情节更加生动、形象和真实。细节一般是文案人员精心设置和安排的，是不可随意取代的部分，恰到好处的细节描写能够起到烘托环境气氛、刻画人物性格和揭示主题的作用。

例如，雅诗兰黛的品牌故事文案就对雅诗兰黛夫人萌生创业念头的细节进行了描写，如下所示。

"作为一个生活在城市里的年轻妈妈，雅诗兰黛夫人常常会去一家美容沙龙，有一天，店主忍不住向她咨询保持年轻肌肤的秘诀。她没有错过这个机会：'对我而言，那是一个历史性的时刻。'雅诗兰黛夫人意识到了背后的商机。一个月后，她带着自制的家族秘方面霜回到了美容院，店主当即雇用她为自己的美容顾问，她也因此走上了创业之路。"

🎓 专家指导

> 常见的细节描写方法有语言描写、动作描写、心理描写和肖像描写等，不管采用哪种描写方法，文案人员都需要事先认真观察，选择具有代表性、概括性、能反映主题的细节进行描写，这样才能突出故事，给读者留下深刻的印象。

4. 结果

一个完整的故事，必须有结果，以加深用户对品牌的印象。例如，海尔砸冰箱事件就让用户对"海尔"有了深刻的印象。

5. 感悟

感悟是指对品牌故事所讲述的内容和反映的主题发表自己的看法，用于升华故事主题。在写作品牌故事文案时，文案人员只有针对故事本身，表达自己的看法，才能更好地引起用户的共鸣和思考。例如，路易威登（LV）品牌故事的点评就起到了点题作用，契合品牌理念，如下所示。

正如创始人离开村庄的开拓冒险，LV包一路以来不畏假货持续创新，不惧风沙坚固耐用，一直给顾客提供最为贴心可靠的服务。这是路易威登的骄傲。

纵使今天时代需求急速变化，每个人心里都有一个开拓冒险的梦想，每个人心里也都渴望一份经得起时间考验的陪伴。

路易威登给了最好的诠释，这一路，我们都不孤单。

 案例分析：德芙的品牌故事

1919年春天，卢森堡王室帮厨莱昂与芭莎公主，在夏洛特公主继承王位时，在后厨相遇了，芭莎公主与莱昂在相处中互相喜欢上了对方，但却因为身份差距，谁也没说出口。后来卢森堡与比利时订立盟约联姻，选中了芭莎公主，莱昂用热巧克力在冰激凌上写下"DOVE"，但芭莎公主却因太伤心而没能在巧克力融化前看到，几天后，芭莎公主嫁到了比利时。伤心的莱昂在一年后离开了王室，到了另一个国家结婚生子。莱昂的妻子发现莱昂心里装着别人，于是愤怒地离去了。1946年，莱昂再次研究冰激凌，推出德芙冰激凌，并得到了芭莎公主曾寻找他的消息。但是等到莱昂与芭莎公主相见时，芭莎公主已经到了弥留之际，误会解开后，芭莎公主也于三天后逝世。莱昂因此下定决心制造固体巧克力，德芙（DOVE）巧克力因此而生。（完整的品牌故事文案可扫描二维码查看。）

扫一扫

德芙的品牌故事

案例点评： 德芙的品牌故事文案，详细地讲述了创始人创造该品牌的前因后果，将莱昂与芭莎公主的相遇、相知、错过的原因一一道来，并通过对芭莎公主的细节描写，将用户带入了当时的情景中，为莱昂与芭莎公主的无力、皇权的无法抵抗而气愤，为两个人的错过而遗憾，增强了用户对德芙"DO YOU LOVE ME"的感触，使用户在选择巧克力时，更容易想起德芙，从而购买其产品。

5.2.3 品牌故事文案的写作技巧

一篇品牌故事文案仅有一个完整的结构是远远不够的，为提高品牌故事文案的吸引力，文案人员还应掌握一定的写作技巧。常见的品牌故事文案写作技巧有选择复杂语境、引发独特思考、揭示人物心理和增强文案可读性4种。

1. 选择复杂语境

语境即语言环境。狭义的语言环境主要是指进行语言活动所需的时间、场合、地点等因素，也包括表达、领会的前言后语和上下文，是语言活动的现场。广义的语言环境则是社会的性质和特点，使用者的职业、性格、修养和习惯等。

在品牌故事文案的写作过程中，文案人员尽量不要使用单一的语言环境，而是要对故事的发生、发展进行多种可能性的描述，提高故事的可读性和复杂性。

例如，圣罗兰（YSL）的品牌故事文案在讲述创始人故事时，其开头为："1954年，两位年轻、还未出名的女装设计师Karl Lagerfeld和Yves Saint Laurent分别登台领取了由国际羊毛局颁发的时尚设计大奖。21岁的Lagerfeld是外套组的优胜者，而年仅19岁的Yves Saint Laurent赢得了晚装设计大奖，两位新星诞生了。"

2. 引发独特思考

对同一件事，不同的用户在阅读后所引发的思考也不相同，因此品牌故事文案能够带给用户什么样的思考也是决定品牌故事文案质量高低的一种因素。因此写作品牌故事文案时，文案人员要充分开拓自己的思路，去思考这个故事能够带给用户怎样的思考体验。例如，箭牌（绿箭）创始人小威廉·瑞格理的创业故事文案告诉人们在遇到挫折时，应从不同方向思考问题，坚持自己的目标。

3. 揭示人物心理

在故事的刻画过程中，对人物的思想活动进行描写可以揭示人物心理，帮助塑造人物形象，再现人物的内心世界，增强故事的感染力。人物心理描写的方法有很多，但在运用这些心理描写的方法时，文案人员需要注意场景。一般在讲真实的创始人故事时，要有真实的材料依据，如访谈、采访等，不要为了推动故事的情节化发展而过分编造。

4. 增强文案可读性

可读性是指故事内容吸引人的程度，以及故事所具有的阅读和欣赏价值。特别是在当今的互联网"快餐时代"，如何将品牌故事文案写得生动有趣，引起用户的共鸣是大部分品牌故事文案人员都在思考的问题。提升品牌故事文案的可读性可从以下3点进行考虑。

- **故事的新颖度**。不落俗套、充满创意的品牌故事文案能够让人眼前一亮，给人一种新颖的感觉，不仅能让文案在众多同类型的文案中脱颖而出，还能加深用户对品牌的印象。
- **情感的丰富性**。故事是否丰满、人物形象是否立体、矛盾是否激烈、情感叙述是否深入人心引起用户的共鸣，是品牌故事文案能否打动用户的关键。
- **语言叙述得体**。品牌故事文案的语言不能使用太专业或技术性强的词汇，应该尽

量简单、通俗易懂，让用户能够快速明白所讲述的内容。

5.3 活动文案的写作

不管是连锁企业还是个体商家，线上商城还是线下实体店，在经营过程中，或多或少都会开展活动，而在开展活动时，往往需要写作活动文案用于介绍活动内容。优质的活动文案可以使用户对活动产生兴趣，从而参与到活动中。下面将从活动文案的种类、活动文案的写作要素、活动文案的写作技巧3个方面讲解如何写作活动文案。

课堂讨论

（1）令你印象较为深刻的商业活动有哪些，你对其印象来源于哪个方面？

（2）如果让你为其中的某个活动写作文案，你会如何写？

5.3.1 活动文案的种类

根据活动目的的不同，活动文案可以分为公益活动文案、推广活动文案和庆祝活动文案3种。

1. 公益活动文案

公益活动文案的写作重心为公益，文案人员在写作公益活动文案时，需要侧重对活动目的和活动规则的介绍，以吸引更多用户参与进来，为公益活动添砖加瓦。成功的公益活动还可以提高品牌在用户心中的口碑，获得更多用户的信任。图5-20所示为怡宝公益活动文案截图。

2. 推广活动文案

推广活动文案的目的是推广品牌或产品，文案人员在写作时应注意突出品牌或产品的特点、价值，以吸引用户的注意力，增强用户的印象，达到推广目的。这种活动常见的形式有抽奖和转发，如关注+转发抽奖、转发集赞等。图5-21所示为转发集赞的推广活动文案。

3. 庆祝活动文案

顾名思义，庆祝活动是为庆祝品牌获奖、取得成功、周年庆等开展的活动，这类活动文案需要文案人员强调活动原因及活动形式，引起用户关注，扩大活动范围，提高企业或品牌影响力，增强用户的好感。图5-22所示为某网店的店庆活动文案，该文案主要由活动理由、品牌回顾和活动规则组成。

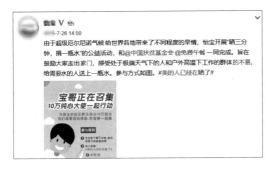

图5-20　怡宝公益活动文案截图　　　图5-21　转发集赞的推广活动文案

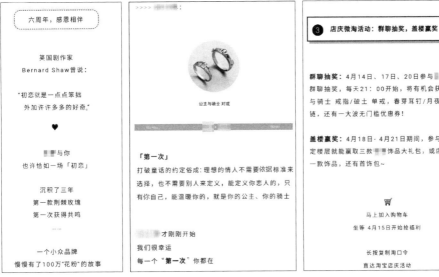

图5-22　某网店的店庆活动文案

5.3.2　活动文案的写作要素

一个完整的活动文案，一般包括活动时间、活动原因、活动目的、活动规则、主办方和活动补充说明6个组成要素，旨在向用户介绍活动，并吸引用户参与活动，提高企业或品牌的知名度。下面分别对这6个写作要素进行介绍。

- **活动时间**。活动文案需要清楚地写明活动的举办时间，以免给用户造成困扰，降低用户对企业或品牌的好感度。
- **活动原因**。活动原因就是企业或品牌开展此次活动的起因，一般有公益、新品上市、店庆、节日福利等。
- **活动目的**。活动目的就是企业或品牌开展此次活动想要达到的目的，大多数企业或品牌开展活动的根本目的都是推广产品或品牌，提高品牌影响力，将活动目的表现在活动文案中，可以与活动原因相呼应。例如，活动原因为"店铺5周年"，活动目的是"回馈新老顾客，感谢大家5年来的陪伴"。活动原因为"产品上新"，活动目的是"希望粉丝帮忙提出意见"。

- **活动规则**。活动规则包括用户需要满足的活动要求、活动的参与方式、活动奖励、活动奖励的评比方式等。
- **主办方**。主办方是指活动发起方，其活动最终解释权一般都归活动主办方所有。
- **活动补充说明**。文案人员可以根据活动信息，制作相应的宣传推广图片，作为活动的补充介绍，还可以在活动规则中要求用户带上该图片转发，以扩大活动的传播范围，吸引更多用户参与进来。

图5-23所示为"汉服全家福"活动的活动文案截图。

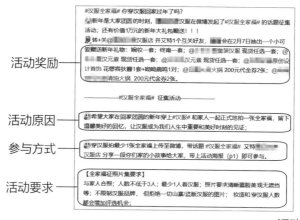

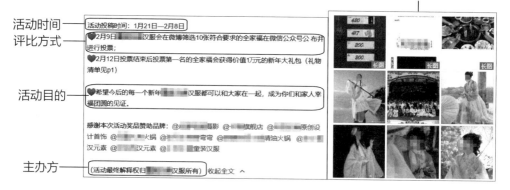

图5-23 "汉服全家福"活动的活动文案截图

5.3.3　活动文案的写作技巧

在写作活动文案时，为提高其吸引力，增加参与活动的用户数量，文案人员应该掌握一定的写作技巧，并将其灵活应用于活动文案中，提高对活动文案的写作能力。下面将从找准切入点、借助热点和结合海报3个方面介绍活动文案的写作技巧。

1. 找准切入点

切入点是指活动文案写作的突破口，文案人员可结合品牌定位、活动目的、活动特色等，选择合适的切入点，通过独特的创意去吸引用户的注意力，彰显自身的品牌文化与存在感，达到扩大活动传播范围，增加活动参与人数的目的。

例如，产品上新活动的切入点可以选择产品设计的灵感，从灵感来源着手，写作活动文案，如一直觉得丝绒与珍珠是绝配，同样复古柔和，而又光彩夺目，所以特别设计了这件礼服。公益活动的切入点，则可以选择做公益的原因或所资助地区的现状，如当你打开衣柜，看着满柜的衣服抱怨没有衣服穿的时候，你可曾想过还有许多孩子没有足够的衣服穿？当你抱怨外卖不好吃要倒掉的时候，你可曾想过还有许多人没有食物吃？

2. 借助热点

在写作活动文案时，文案人员可分析近期热点事件、节日、热门话题等，选择与活动契合度高的热点，结合热点写作活动文案，使活动文案借助热点热度，扩大活动的曝光范围，增加用户关注活动的概率，提高活动的参与率。

在选择热点时，文案人员应综合分析活动与热点的特点，找出两者之间的关联，然后将活动与热点进行结合，写作活动文案。例如，某摄影工作室要举办一次摄影比赛活动，在选择热点时，发现某知名人物婚礼视频的热点，且两者之间存在"拍摄"这个共同点，因此，可将活动文案写为："×××婚礼视频"，婚姻是神圣的，婚礼作为象征迈入婚姻的仪式，对许多人来说，是无法替代的。从摄影师的角度，×××的婚礼视频带给我的不只是感动，还有摄影的灵感。镜头能够记录下来的，是回忆，也是割舍不去的过去，拿起你手中的手机、身旁的相机，记录身边的美好，参与此次"发现美，记录爱"摄影大赛吧！

专家指导

在借助热点时，应注意以下4点：一是不借负面的热点；二是不借有关天灾人祸的热点；三是不借有争议的热点；四是慎借关于国家大事的热点。否则很容易给品牌带来负面影响。

3. 结合海报

海报一般以图片形式显示，与纯文字相比，其表现能力更强，视觉效果也更佳。在活动文案中搭配海报，可以补充活动文案内容，也可以强调或说明活动文案。文案人员还可以直接以海报作为活动文案的主体体现活动文案。一般来说，活动文案海报会根据品牌定位，结合品牌风格或活动主题选择合适的颜色作为背景，也可以使用简单的图形作为图片背景，还可以使用活动奖励、品牌产品等作为背景，突出活动主题。

例如，优酷"2020总会在一起"征文活动就借助了海报，其微博活动文案为"#2020总会在一起#征文活动开始了！活动细则见下方海报，和火锅表白也是可以的哦！"图5-24所示为"2020总会在一起"征文活动海报，其根据活动主题"和他在一起"，选择了粉色作为主题色，并结合主题与热点，选择了分处两端（两座城市）的男女作为背景，以简约的心跳线、城市剪影和几何图形，将活动海报分隔成不同部分，既结合了主题，又营造了良好的活动氛围，更容易引起用户参与活动的兴趣。

图5-24 "2020总会在一起"征文活动海报

5.4 海报文案的写作

海报文案是企业向用户传递重要信息的方式之一。一般来说，海报文案不仅可以用于企业产品的推广，还可以作为线下实体店活动的介绍，是应用十分广泛的一种新媒体文案形式。下面将从海报文案的组成部分、写作方法和排版方法3个方面对海报文案的写作方法进行介绍。

5.4.1　海报文案的组成部分

海报文案一般由图片和文字组成，下面分别对海报文案的图片与文字进行介绍。

- **图片**。海报文案对视觉效果的要求较高。一般来说，图片必须清晰美观，且具有设计感。
- **文字**。文字有多种表现形式，可以是一句简单的广告语，也可以是标题、副标题、活动规则、产品卖点、促销力度、活动时间或最低价等内容的有机组合。

专家指导

> 　　受海报文案篇幅和设计的限制，文案人员在制作海报文案时，需要根据具体的活动策划选取重要信息进行展示，如按照"标题+副标题+活动规则"的组合来编辑。

5.4.2　海报文案的写作方法

海报文案能够引起用户的兴趣，吸引用户去了解具体信息，提高用户参与的概率，增加参与用户数量。海报文案可用于产品上新、品牌推广、活动宣传等不同的营销场景，引导用户查看相关信息，促进用户的购买行为。根据不同的营销场景，海报文案的写法也有所不同，下面分别进行介绍。

- **产品上新**。产品上新类海报文案常用于介绍新产品的相关信息，如价格、用料、款式、颜色、上身图等。文案人员可结合打折、满减、限时抢购等写作该类海报文案，如"新款产品，两件9折""产品上新，全套/满300元减30元""新品上市，前3名享半价优惠"等。
- **品牌推广**。品牌宣传类海报文案常用于向用户介绍品牌，吸引用户关注品牌，提升品牌形象。文案人员可结合品牌故事、品牌经典产品、品牌热卖产品、品牌优势等写作该类海报文案，如"百年品牌，纯天然原料""××产品，每年销售量高达上千万件，是××人群的不二之选"。
- **活动宣传**。活动宣传类海报文案常用于向用户介绍活动信息，吸引用户参与活动，提高活动的人气。文案人员可通过诱人的活动奖品、新颖的活动形式写作该类海报文案，如果选择以获得奖品吸引用户的注意力，那么可以将奖品价值具象化，以数字突出奖品的价值，如"本次活动将送出价值3000元的护肤品套装"。

5.4.3 海报文案的排版方法

海报文案的排版方式有对齐排版、对比排版和分组排版3种，其中，对齐排版为基础的排版方式，分为居中对齐、左对齐和右对齐3种。下面将对对比排版和分组排版进行介绍。

1. 对比排版

对比排版冲突性强，可以有效地增强画面的视觉效果。对比排版包含虚实对比、冷暖对比等多种方式。而在海报文案中，常见的对比排版有两种，一种是字体的大小和粗细对比，另一种是疏密对比。

- **字体的大小和粗细对比**。海报文案中通过设置字体的大小和粗细，如放大加粗重要信息，能更好地强调和区分文案内容，使整个海报文案信息主次分明，起到引导用户浏览文案信息的作用。图5-25所示为字体的大小和粗细对比。
- **疏密对比**。疏密对比的排版方式能增强海报文案的设计感。但在运用疏密对比时，应注意字符间距，保证相隔文字之间距离适中，不能使一行文字拥有不同的疏密度，否则容易造成视觉的错乱。图5-26所示为疏密对比。

图5-25　字体的大小和粗细对比

图5-26　疏密对比

2. 分组排版

当一张海报文案中包含的信息过多时，不对其进行整理就会显得杂乱无章，使用户抓不住重点，此时，就可以考虑将文案进行分组排版，将相同的信息摆放到一起，使整个海报文案看起来条理清晰，方便用户阅读。图5-27所示为分组排版的海报文案，该海报文案就把产品名称、功效、价格和补充信息分组呈现，并结合对比排版方式，使整个版面内容清晰、层次分明。

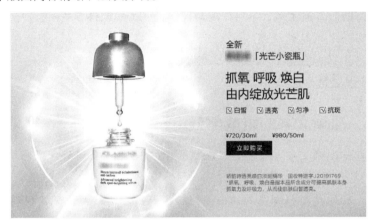

图5-27   分组排版的海报文案

5.5   视频文案的写作

随着互联网技术的发展，视频已逐渐成了营销市场上冉冉升起的新星，对个人来说，视频可以帮助其积累粉丝，打造个人IP，进行流量变现。对企业来说，视频可以帮助其塑造品牌形象，加深用户的印象，提高好感度，增加品牌关注度和产品销售量。视频文案能够帮助用户理解视频主题，突出视频重点，提高用户对视频的好感度。

（1）你经常看视频吗，你喜欢看哪一类视频呢?

（2）你认为哪种视频文案会更加吸引你的注意力。

5.5.1   视频文案的特点

视频文案能够深化视频主题，帮助用户理解视频内容，一般来说，视频文案具有简洁明了、表意清晰和风格鲜明的特点，下面分别进行介绍。

- **简洁明了**。大多数视频文案都会选择较有代表性的词句，简单地将视频内容或视频希望表达的内容展示出来。

- **表意清晰**。视频文案在视频营销中，一般用于帮助用户理解视频内容，因此，大部分视频文案都会明确视频的主题，以免用户产生误会，造成不必要的麻烦。
- **风格鲜明**。不同主题、不同领域的视频，其文案风格各不同，即使是同一个领域、同一个主题的视频，其文案风格也大不相同。例如，同为萌宠类视频，"花花与三猫CatLive"的视频文案就偏向可爱风格，而"喵来啦_"的视频文案则偏向搞笑风格。

5.5.2 视频文案的组成部分

一个完整的视频文案，除了拍摄剪辑完毕后的视频，往往还包括标题、简介、字幕和弹幕4个部分。

- **标题**。标题是对视频主题的高度概括，一个好的标题，可以引起用户的好奇心，吸引用户观看视频内容，从而为视频带来流量，提高用户的转化率，是视频文案不可或缺的重要组成部分。
- **简介**。简介常用于展示视频文案的主要内容、素材来源、作者感想、故事经过、视频灵感、作者号召、其他链接等内容。简介是用户快速了解视频内容的另一个手段，也是视频文案的重要组成部分。
- **字幕**。字幕是将视频中人物所说语句，以文字形式展示在视频下方的文案，字幕能够帮助用户理解视频人物所表达的语言，使视频更容易获得用户的好感。在制作字幕时，应注意选择合适的字体和字号，以优化用户的视觉体验。
- **弹幕**。弹幕是指在视频中，视频作者将对某一画面产生的某一感想或对其的解读等，以文字形式展示在该视频中。弹幕在制作时，应选择更为符合当下情景的字体，如在温馨的情景下，弹幕字体可选择幼圆体、方正喵呜体等，甚至可以加上一些符号，更形象地表达视频作者的意思。

图5-28所示为某视频平台的视频文案截图，其分别展示了视频的标题、简介、字幕和弹幕。

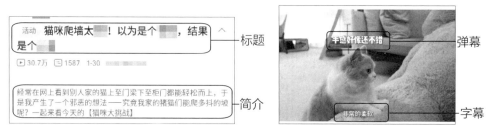

图5-28 某视频平台的视频文案截图

5.5.3 视频文案的写作方法

现如今，许多新媒体平台都支持投放视频，视频被应用的概率也越来越大，为增强视频文案对用户的吸引力，下面将根据视频文案的不同组成部分，对视频文案的写作方法进行介绍。

- **标题**。在写作视频文案标题时，可参考本书第3章所述的知识，除了根据视频内容、主题，选择合适的方式写作标题，文案人员还可以借助符号，如"【】""|"等，对视频进行分组或总结。例如，【UV滴胶】耳坠教程–教你用贝壳贴纸做出超赞的轻奢风耳坠，就是使用"【】"符号，将视频所使用的主要材料——UV滴胶展示出来，并以"耳坠教程"告诉用户本视频的主题，然后对其进行扩充，精准吸引喜欢轻奢风的用户。

- **简介**。简介可以展示的内容较多，文案人员可以将视频主题再次进行强调，也可以请求用户进行点赞、评论、转发等，提高视频人气，但不论是什么内容，都应尽量以简短的语句表达，避免过长的简介使用户失去继续阅读的耐心，从而给用户留下负面印象。例如，某甜品制作教程视频的简介为"划重点：配方简单，工具简单，操作简单，哪怕你没有烘焙经验，甚至有点手残，都可以做出可爱、好看又好吃的三种口味的饼干哦！"

- **字幕**。字幕要求遵循视频内容，一般分为人物语言的文字标注和视频步骤讲解两种。对于文字标注类的字幕，文案人员可直接根据人物语言进行制作，还可对一些方言用词或偏僻词汇进行注释，或解释某个知识点的意思。对于视频步骤讲解类的字幕，文案人员可根据具体情形，用较简单的语句进行表述。这类字幕应在画面中停留一小段时间，方便用户记录或截图。

- **弹幕**。弹幕可以增加视频内容的趣味性，文案人员应针对该画面的特色，结合视频内容的主题进行制作。例如，某以动漫美女盘点为主题的混剪视频，就可以针对不同动漫女性角色，制作不同的弹幕，如花木兰"飒、帅"，白雪公主"人美歌甜"等。

课堂活动

　　假如你制作了一个童年动漫推荐的视频合集，现在需要你为该视频写作视频标题及简介，你该怎么做？

5.6 H5文案的写作

H5是近年来在互联网上应用较为广泛的网页语言，能够在众多平台上进行传播与查看，是企业或品牌进行营销的有效手段。要想写出优秀的H5文案，文案人员须掌握H5文案的写作流程，包括H5文案的主旨确认、标题拟定、内容写作和版式设置4个方面。

5.6.1 H5文案的主旨确认

文案人员在写作前，需要先确认文案的主旨，再围绕已经确认的主旨进行扩展，写出中心明确、主题鲜明的H5文案。在确认H5文案主旨时，可从营销目标和用户层次及心理两个方面进行思考，下面分别进行介绍。

1. 营销目标

根据营销目标确定主旨是文案人员常用的确定主旨的方式，在写作文案前，首先要确认文案的营销目标到底是活动宣传，还是产品或品牌推广。

图5-29所示为网易新闻和CC卡美珠宝的情人节H5文案截图，该文案为借情人节推出的H5营销文案，这篇文案的写作目的在于借助情人节引起用户的情感共鸣，促进品牌的推广和产品的销售。它围绕"爱情誓言"这一主题，通过讲述情人节"直男"送礼的故事，勾起广大用户对情人节礼物、爱情誓言的共鸣，提高用户对CC卡美珠宝的好感度。

图5-29　网易新闻和CC卡美珠宝的情人节H5文案截图

2. 用户层次及心理

广受好评的文案一般都是站在用户的角度进行考虑的，所以根据用户层次及心理来确定H5文案的主旨也是一个好方法。使用这种写作方法的文案人员，在写作前应该调查、了解用户的类型和心理需求，以便更准确地抓住目标用户的心理，引起用户兴趣，从而达到营销的效果。

例如，图5-30所示的美图秀秀"新青年春节生存指南"H5文案截图，就表现了美图秀秀用户群体——年轻人在春节期间被追问情感、工作方面问题的场景，使用户产生感同身受的心理，而将这些无奈场面作为文案主题，更能引起用户的共鸣。

图5-30　美图秀秀"新青年春节生存指南"H5文案截图

5.6.2　H5文案的标题拟定

H5文案的标题需要贴合文案的主题，一般情况下，文案人员可从以下两个方面进行思考，下面分别进行介绍。

- **目标用户群体**。针对品牌的用户群体写作H5文案标题，可以有效把握用户的消费心理，提高H5的浏览量。文案人员还可以根据目标用户群体、其心理因素分析、主题选择等，进行综合分析，选择合适的风格写作H5文案标题。
- **用户的关注点**。通过对用户关注点的研究，文案人员能够更加确定文案应展现的内容，更大限度地表现品牌、产品或服务的特点和优势。

例如，腾讯游戏与QQ音乐针对玩游戏的用户联合出品的H5文案"去听见无限可能"，帮助用户回顾自己在游戏过程中听到的音乐，制作用户的歌单海报，而不同用户使用QQ音乐时账号的不同，所玩游戏的不同，音乐喜好的不同，对玩游戏时感受的不同等，都会影响海报生成的结果。"去听见无限可能"中，"听见"表达了H5文案的音乐属性，"无限可能"则体现了H5文案的特点，同时抓住了腾讯游戏和QQ音乐用户数量多、喜好不同的特点，能够满足用户渴望独特的心理。

5.6.3　H5文案的内容写作

作为一种内容营销的手段，H5文案中每一个字、词、句子的运用，包括图片、音乐、视频等呈现的思想、情感，都能够对文案的营销效果起到十分重要的作用。为吸引用户的注意力，激发用户兴趣，使其产生阅读欲望，进而达到营销目的，文案人员应结合H5文案的主题，选择合适的风格，通过不同表现形式的组合，制作创意性的H5文案，从而达到提高营销效果的目的。

而为了提高H5文案的创意性，文案人员不仅可以通过图片和设计场景，为用户带来不同的感受，吸引用户的注意力；还可以从文字入手，配合图片，营造一种有感染力的氛围，以吸引用户，使用户对H5文案产生分享传播的意愿，从而达到营销目的。

由于用户使用移动端较多，H5文案在被查看时，也以移动端为主，文案人员在写作H5文案时，还应注意H5网页中的文案内容分配，其内容应尽量集中在页面中央，避免因手机屏幕大小不同，导致文案内容显示不完整。此外，当H5文案篇幅较长时，还应将文案主题贯穿于整个H5文案，以防文案偏离主题，降低用户的阅读体验。

 案例分析：腾讯游戏讲了一个关于自己的故事

"腾讯游戏讲了一个关于自己的故事"H5文案，是腾讯游戏发布的对其2002年到2018年的总结性H5文案。该文案从2002年腾讯游戏人开启探索之路起，讲述了其首个作品《凯旋》；然后与QQ联手，发现游戏与社交的可能，因此，成立了腾讯互动娱乐业务系统。该系统成立后，腾讯游戏推出了DNF、QQ飞车、QQ炫舞与CF这4款游戏；2008年，腾讯游戏与拳头公司合作，三年后，《英雄联盟》正式公测上线；2017年，随着未成年人健康上网保护体系的构建，腾讯游戏升级了"开普勒"人才培养计划；2018年，为传递中华文化，腾讯游戏开启"追梦计划"，引出腾讯游戏一直秉承"去发现，无限可能"的品牌理念，并让用户选择自己期待的腾讯游戏的下一个可能。图5-31所示为"腾讯游戏讲了一个关于自己的故事"H5文案的截图。

图5-31　"腾讯游戏讲了一个关于自己的故事"H5文案的截图

案例点评：该文案通过"腾讯游戏讲了一个关于自己的故事"这个标题，吸引用户查看，在其中通过讲述腾讯游戏的发展，将腾讯游戏的品牌理念清晰地传递给用户，让用户深切地体会到腾讯游戏在发展过程中的不易，以及腾讯游戏人从未放弃的精神，向用户输出腾讯游戏"去发现，无限可能"的主题，整个H5文案既显示了腾讯游戏强大的实力、美好的前景和不忘初心的精神，又能够加深用户对腾讯游戏的印象，提高用户的好感度。

5.6.4　H5文案的版式设置

版式是影响H5文案效果十分重要的因素，在写作H5文案时，文案人员需要对版式进行设置，以提高用户的视觉感受，增加用户的好感度，提高文案传播效率。一般来说，H5文案在移动设备上应用较多，而移动设备的屏幕通常较小，所以，在设置版式时，文案人员应注意文案的篇幅、在页面中摆放的位置，文字的间距、大小、颜色、字体等，这些都能够影响H5文案的整体效果。在设置H5文案的版式时，一般需要注意以下6个方面的问题。

- **页面文案长短**。在H5文案中，第一页的文字不宜太多，所占篇幅最好不超过页面的二分之一。
- **文案协调性**。图片和文字在保持差异性的同时要有协调感，如黑色的背景选择白色的文字颜色。若使用人像图和风景图作为背景，则可选择灰色的文字颜色，若是描述食物图可选择鲜艳的文字颜色，但附加文字要与图片相搭，图5-32所示为"我的年夜饭，最有范儿！"H5文案截图，其主题为"年夜饭"，背景为红色，其文字颜色则选择了金色，与文案主题风格保持一致。

图5-32 "我的年夜饭，最有范儿！"H5文案截图

- **文案可读性。**H5文案的页面文字不宜过小过细，这样会降低文案的辨识度。色彩对比要足够明显，不要让文字被背景或其他元素掩盖。文字大小要有对比，如标题、宣传语要在美观的基础上加大加粗，使其与正文形成一定的对比，突出重点，增强用户的阅读舒适感。

- **文字间距。**文字太拥挤或太稀疏都会降低文案的可读性，有些字体本身就具有稀疏或紧密的特点，如果不注意，就会给用户造成阅读障碍，所以文案人员要注意调整字间距，不要忽略细节。

- **段落间距。**段落密集会让文字难以识别，从而影响视觉效果，建议文案人员调整行间距，将间距设置为行高的二分之一左右即可。

- **文字的字体类型。**有些刚刚接触H5文案制作的文案人员会认为字体多可以起到装饰的作用，实则不然。一个页面使用太多字体会导致可控性差、视觉干扰多。此外，使用多种不同风格的字体，还会使页面整体不统一。在设置H5文案版式时，页面字体应不超过3种。

5.7 课堂实训

5.7.1 写作品牌故事文案

假设你是某广告公司的员工，公司最近与老凤祥进行广告合作，需要根据老凤祥的发展历史，为其写作品牌故事文案，并制作宣传广告，现需要你收集老凤祥的相关资料，然后根据资料写作老凤祥的品牌故事文案，以达到向用户传达品牌文化、深化品牌形象的目标。

1．实训要求

（1）品牌故事文案具有明确的主题。

（2）体现老凤祥的价值观、经营理念。

2．实训步骤

根据实训要求，本例将收集老凤祥的相关资料，根据要求写作品牌故事文案，以达到向用户传达品牌文化、深化品牌形象的目的，具体步骤如下。

（1）收集相关资料，明确文案主题。在百度、搜狗、搜狐等搜索引擎中，搜索"老凤祥"，或进入老凤祥官网，查找并收集与老凤祥相关的资料，从这些资料中，选择文案写作的主题。例如，如果选择老凤祥的企业文化作为文案主题，则品牌故事文案可以以老凤祥的企业文化为基础，讲述老凤祥从创立之初，发展到如今的故事。

（2）选择知名事件，丰富文案内容。结合文案主题，从收集的资料中，选择与文案主题相符的知名事件，通过讲述知名事件，丰富品牌故事文案的内容，深化文案主题。例如，选择以企业文化为主题，由于老凤祥的企业文化又可以分为使命和愿景两个部分，其中使命为"传承经典、创新时尚，成为首饰产品与文化的传播者"，因此在选择事件时，文案人员就可以选取老凤祥承办上海首饰博览会、推出具有老凤祥文化和特色的奥运纪念品等事件。

（3）总览文案，进行适当修改，以满足要求。在初步完成品牌故事文案的写作后，文案人员应对文案进行总体浏览、审阅，修正语法错误，优化文案用语，删除与主题无关的内容，并结合实训要求，对文案进行丰富。

5.7.2 写作活动文案

随着经济快速发展，全球化的脚步越来越快，国内外各类节日也成了商家举办促销活动的契机。现某服装企业要借助七夕节举办促销活动，以提升品牌形象，推广新款服装，促进用户消费行为。

1．实训要求

（1）借助节日热点，写作活动文案。

（2）要求搭配图片，补充活动文案内容。

2．实训步骤

根据实训要求，本例将针对七夕节举办的促销活动，写作活动文案，以达到提升品牌形象，推广新款服装，促进用户消费行为的目的，具体步骤如下。

（1）确定活动的相关信息，选择合适的切入点。在写作活动文案前，文案人员应对与活动相关的信息，如活动时间、活动原因、活动目的、活动规则和主办方等进行确定，并选择合适的切入点，以吸引用户的注意力，达到扩大活动传播范围，增加活动参与人数的目的。例如，选择活动原因，以庆祝七夕作为切入点，那么活动文案开头就可以这样写："昭昭牵牛星，皎皎河汉女，牛郎织女一年一次的相会时刻就要到来，为庆祝七夕这个美好的日子，我们将于七夕当天举办如下活动。"

（2）选择适合的话题。本例中七夕节本身已经是一个热点，在写作活动文案时，文案人员可选取与七夕节相关的话题，使话题与活动结合，写作活动文案。例如，昭昭牵牛星，皎皎河汉女，牛郎织女一年一次的相会时刻就要到来，为庆祝七夕这个美好的日子，我们将于七夕当天举办如下活动……最后，衷心祝愿大家七夕快乐。

（3）选择或制作图片。活动文案的配图可以直接选择参与活动的产品，也可以根据七夕这个主题，制作合适的海报文案，以详细介绍活动内容。图5-33所示为某服装品牌七夕活动的图片截图。

图5-33　某服装品牌七夕活动的图片截图

5.7.3　写作视频文案

假设你是某美妆品牌的文案人员，公司邀请了某名人为品牌新研发的面霜代言，拍摄宣传视频，需要你为该视频写作相应文案，用于介绍面霜，深化视频主题，以增强宣传效果，提高品牌知名度。

1. 实训要求

（1）文案内容要求包括视频文案标题、简介和字幕部分。

（2）视频文案要突出产品特点，用语要简洁，文字要优美。

2. 实训步骤

根据实训要求，本例将为面霜宣传视频写作文案，以介绍面霜产品，达到深化视频主题，增强宣传效果，提升品牌形象的目的，具体步骤如下。

（1）写作视频字幕部分的文案。根据实训要求，字幕部分的文案需要突出面霜产品的特点，且用语简洁，方便文案的传播。在写作前，文案人员可先了解面霜的特点，结合特点进行写作。例如，该面霜产品特点为清透、易吸收、提亮肤色，那么视频字幕部分的文案就可以写为：晚睡、噩梦、疲劳，状态不佳，老态毕现，怎么办？××面霜，清透、易吸收，为你提亮肤色，解决问题。

（2）写作视频标题和简介部分的文案。视频标题和简介部分的文案需要根据视频内容和字幕部分的内容，有针对性地进行写作。视频标题可以总结视频主题，简介则可以详细地介绍面霜产品，及其购买途径、售价等。例如，针对解决晚睡带来的肌肤问题的面霜，视频标题为"你操劳，我买单"，简介为"××面霜，蕴含丰富的××物质，可以有效帮助解决晚睡带来的肌肤问题，提亮肤色，还你好气色。"

5.8　课后练习

1. 假如你是某美妆网店的商家，现需上新一款睡眠面膜，该产品具有美白嫩肤的功效，且自带桂花香，请你根据以上信息，结合电商平台美白面膜的特性，为该睡眠面膜写作产品文案。

提示：产品文案可从功效、包装、物流等不同方面进行写作。

2. 针对上题所述的睡眠面膜，写作海报文案。

提示：可结合该睡眠面膜的特点、价格、优惠等不同方面，结合排版方式，写作海报文案。

3. 假设你是某音乐App的文案人员，请创作H5文案用于宣传该App。

提示：可从音乐App的品牌故事、发展历程、优势、特色等方面写作，此外，需注意H5文案的版式设置。

第6章 新媒体文案的传播

学习目标

随着新媒体的发展，文案的传播已经从企业单向传播，转变为了用户和企业的双向传播，这种改变也使得优质的文案更容易被目标用户接受，甚至目标用户还会主动进行转发，扩大新媒体文案的传播范围。本章将针对传播性文案的特点、新媒体文案传播的技巧、新媒体文案传播的注意事项、增强新媒体文案传播性的方法和不同新媒体平台的文案传播进行介绍，以帮助文案人员写出更易传播的新媒体文案。

知识结构图

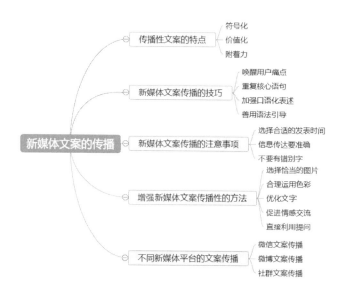

6.1 传播性文案的特点

要想扩大新媒体文案的传播范围，提高文案能够获得的营销效果，就必须对传播性文案的特点进行了解，以创作更便于传播的新媒体文案。下面将对传播性文案的3个特点分别进行介绍。

（1）你能想起哪些传播范围较广的文案，这些传播性文案都在哪些平台传播？
（2）试分析这些传播性文案能够取得良好传播效果的原因。

6.1.1 符号化

在传播学中，信息的流通是靠符号来实现的。符号可以广义地被理解为信息的外在表现形式，如视觉符号、听觉符号、触觉符号等。新媒体文案要想被用户记忆并广泛传播，就必须具备符号化的特点和功能。下面将从符号的种类、符号的功能和符号的设计3个方面对符号化进行介绍。

1. 符号的种类

符号是信息表达和传播中的一种基本要素，是人们指定特定对象的标志物。一般来说，符号的种类可以根据符号的辨别方式及符号与对象的关系进行分类。

（1）根据符号的辨别方式分类

根据符号的辨别方式的不同，符号可以分为视觉符号、听觉符号、触觉符号、味觉符号和嗅觉符号5种。

- **视觉符号**。视觉符号是指视觉器官（眼睛）所能感知的符号。在新媒体文案的传播中，视觉符号可以是图像、标志、色彩等用以传达各种信息的媒介载体。它不仅可以通过外在形式使人产生视觉联想，还能唤起人们的情感共鸣。例如，用户在看到企鹅形象时，很容易联想到腾讯QQ。
- **听觉符号**。听觉符号是指听觉器官（耳朵）所能感知的符号。在新媒体文案传播中，听觉符号主要是指声音，声音的高低、快慢会影响文案的最终传达效果。用户对声音有印象时，只要听到相关的内容就会联想到产品或品牌，如用户听到"今年过节不收礼"时，就会自然联想到"脑白金"这个品牌。
- **触觉符号**。触觉符号是指触觉器官（皮肤）所能感知的符号。
- **味觉符号**。味觉符号是指味觉器官（舌头）所能感知的符号。

- **嗅觉符号**。嗅觉符号是指嗅觉器官（鼻子）所能感知的符号。

在新媒体文案传播中，对于触觉符号、味觉符号和嗅觉符号主要是以文字的形式进行描述，如光滑、粗糙、甘甜、爽口、刺鼻、香甜等，文案人员还可以借助日常生活中常见的物品，对这些符号进行描述。例如，力士沐浴露在形容其味道时，就常借助不同的鲜花，如幽莲、樱花等，将其嗅觉符号具象化，帮助用户理解。

（2）根据符号与对象的关系分类

根据符号与对象的关系分类，符号可以分为像似符号、指示符号和规约符号3种。

- **像似符号**。像似符号是指符号在外形上，与某物十分相似，可以使用户看一眼就明白符号指代的是什么、拥有什么意义。例如，我要外卖的Logo就以一个大张着嘴的人头和斜放的筷子组成一个"外"字，让人一看就能够想到"进食""吃饭""外卖"等含义。

- **指示符号**。指示符号是指符号与对象之间存在着某种关系，使用户在看到符号时就可以想到该对象，进而使用户注意到对象的符号。例如，微博表情包中的柠檬，代表了用户对某件事物的羡慕，柠檬可以使人感到"酸涩"，与用户的心理有共通之处。

- **规约符号**。规约符号是指约定俗成、被大部分用户认可的，且在日常生活中常用的符号。例如，竖大拇指的表情拥有"厉害""佩服""赞""给力"等含义。

2. 符号的功能

将产品或品牌符号化后，该种符号就可以成为该产品或品牌的代称，使用户在提及符号时，首先想到该产品或品牌。一般来说，符号拥有指称识别、压缩信息和行动指令这3个功能。

- **指称识别**。指称识别是指符号可以指代某个物品或者某种意义。例如，"毛衣""梳子""暖水袋"等，指代的就是特定的一类物品；而"①"则指代的是"第一点"这个意义。

- **压缩信息**。压缩信息是指同一个符号往往代表了许多信息。例如，以手扶额的动作，既可以代表思考，也可以表示无奈，甚至还可以表示头疼。

- **行动指令**。行动指令是指符号可以起到引导人们做出不同行动选择的作用。例如，消息页面的红点或数字，往往会使人们点击相应部分，查看具体消息。

对于品牌来说，符号可以帮助用户识别品牌，能够代表品牌的价值信息，影响用户对品牌的印象，甚至可以引导用户对品牌产生好感，进而产生消费行为等。例如，腾讯视频以视频播放键作为品牌Logo，使用户在看到该符号时，不仅容易联想到腾讯视频，还容易产生想要点击该符号播放视频的想法，从而提高用户对腾讯视频的使用率。

3. 符号的设计

对于产品或品牌来说，符号并不是与生俱来的，而是通过一定的营销手段打造的，要想将产品或品牌符号化，使用户将该符号与产品或品牌联系起来，就需要对符号进行设计。在设计符号时，文案人员可通过运用已知符号、融入品牌价值和场景化3种方法。

（1）运用已知符号

已知符号可以帮助用户理解新媒体文案想要表达的主题，有利于文案的传播。常用的已知符号包括具象化的事物、人格化的形象和符合行业特性的词汇等，下面分别进行介绍。

- **具象化的事物**。具象化的事物是指在日常生活中，能够引起用户联想的一些具体事物，这些事物可以用于产品或品牌的名称、形象的符号化，让用户将其与事物形象联系在一起，更好地理解产品或品牌想要表达的内容。例如，"一叶子"就是将品牌与植物相联系，使人联想到"自然"，表明产品的特色。
- **人格化的形象**。人格化的形象是指赋予品牌人的感情，使其以拥有独立人格的某个形象存在。人格化的形象可以帮助用户更好地记忆产品或品牌，并且能够拉近其与用户的距离，使用户感到亲切；还可以通过人格化的形象，将产品或品牌人格化的特征表现出来。例如，海尔兄弟就是海尔人格化的形象，小欧就是OPPO人格化的形象。
- **符合行业特性的词汇**。符合行业特性的词汇可以表现品牌的专业性，增强用户对品牌的信任感。例如，一售卖发簪等古典盘发饰品的网店，其名字为"绾青丝"，直观地将产品特性表达了出来。

此外，文案人员还可以将具象化的事物、人格化的形象、符合行业特性的词汇相互结合。例如，"优衣库"品牌的名字就是"具象化的事物+符合行业特性的词汇"的代表，其名字既直观地告诉了用户品牌产品为"衣物"，也能告诉用户该品牌衣服的款式和质量好。

🎓 **专家指导**

> 需要注意的是，在运用已知符号时，应尽量选择容易让用户记住的符号，提高其传播效果。

（2）融入品牌价值

品牌价值本身就是品牌符号化的体现，如果用户在阅读完新媒体文案后，无法判断该文案是在介绍哪个产品或品牌，那么不论该文案给用户的印象有多么深刻，其对企业来说，也是一个失败的文案。因此，文案人员只有将品牌价值融入新媒体文案中，使品牌与文案相结合，才能够达到营销效果。

例如，宜家的新媒体文案《为爱留好空间（说再见篇）》，就将其品牌理念"为用户创造更美好的日常生活"融入了文案，通过告诉用户"学会收纳"，帮助用户摆脱"家里放不下太多东西，但却又舍不得舍弃"的困扰，为用户创造更好的家居环境。

（3）场景化

文案人员在设计产品或品牌符号时，可以将产品或品牌置入某一特定使用场景，加强产品或品牌与该场景的联系，提高用户在该场景下想起产品或品牌的概率，增加产品的销售额和品牌的知名度，使品牌符号更加深入人心。

例如，士力架在春节前推出的新媒体文案《春运来条士力架，能量随行饱你回家》，就将士力架置入了春节回家收拾行李、坐车等场景，使用户在这些情景下，更容易想起士力架品牌，从而提高其销售量。

课堂活动

分析滴滴出行的品牌符号。

6.1.2　价值化

在日常生活中，人们往往会愿意将自己体验过的、认为对朋友有益的内容分享出来，因此，具有传播性的新媒体文案，往往具有价值化的特点。下面将从满足用户自我认同需求、打破思维定势、运用社会比较、提供实用价值和增强归属感5个方面，介绍实现文案价值化的方法。

1.　满足用户自我认同需求

人们在分享观点、进行交流时，往往带着一种希望能够实现自我认同的心理需求，而传播性文案，往往能够满足用户的这种需求。传播性文案常会塑造一种与用户相似的外部、思想或理想形象，从而引起用户的共鸣，促使用户将文案分享出去。

- **外部形象**。外部形象是指根据外表、性别、来历、受教育程度等外在因素塑造的形象。新媒体文案能够借助塑造外部形象，吸引具有相同形象的用户，将文案分享到朋友圈，扩大文案的传播范围，提高文案点击量。例如，新媒体文案《能进互联网公司的个个都是人才》，就塑造了互联网公司不同岗位员工的形象，引起了大量互联网人的共鸣，使其被广泛转载。

- **思想形象**。思想形象是指根据价值观等内在因素塑造的形象，能够体现用户对某一事件的看法、理解、判断，是人的一种是非判断思维。例如，某知名自媒体发表了一篇关于简洁装修的新媒体文案，其中心思想为"装修以舒适为主，而我认为简洁的装修就是让我感到舒适的装修"，那么有相同看法的用户，就有很大可能会将这篇新媒体文案分享出去，将自己的想法展示给不理解自己的人。

- **理想形象**。理想形象是指用户希望拥有的样子和生活，理想形象一般与现实形象有一定距离，当用户看到描述拥有自己理想形象的新媒体文案时，会出于羡慕等心情，将其分享出来。例如，一篇描述自己和爱人在青葱岁月相识，慢慢相知、相恋，最后走入婚姻殿堂的新媒体文案，就会吸引希望拥有一份纯真感情的用户进行分享。

2. 打破思维定势

思维定势是指按照以往积累的经验、教训和已经形成的思维规律，在反复使用中形成的比较稳定的、定型化的思维模式。而打破思维定势则能打破用户的固有认知，从而使产品或品牌具有话题性，引起用户好奇，提高文案的分享、传播价值。

例如，在手机充电时间还是以小时起步的时候，OPPO R7率先提出了"充电5分钟，通话2小时"的概念，打破了人们对手机充电的思维定势，引起了众多用户的好奇心，这使得当年OPPO R7手机的风头很盛。

3. 运用社会比较

人们在现实生活中，往往会将自己的信念、态度、意见等与社会上其他人的信念、态度、意见等做比较。该比较即为社会比较，社会比较是一种普遍存在的社会心理现象。在创作新媒体文案时，文案人员利用这种社会比较，能够将文案价值化，以突出产品或服务的特色，吸引用户的注意力。

例如，新媒体文案"《了不起的长城》新年抢弗气"，就是利用社会比较，以娱乐性的游戏，吸引用户邀请好友一起游戏、比赛，再通过比赛得出的分数，决定双方输赢，给出哈弗汽车的试驾体验名额，将线上用户转变为线下用户。图6-1所示为新媒体文案的截图。

图6-1　新媒体文案的截图

此外，新媒体文案还能够通过产品或服务在社会上的排名、口碑、知名度等，塑造产品或服务的专业化形象，提高新媒体文案的传播性，吸引用户选择该产品或服务。

4. 提供实用价值

为用户提供实用价值，能够从实用性的角度，促进用户分享新媒体文案，扩大文案的传播范围，从而获得更好的营销效果。在新媒体文案中，常见的实用价值包括产品使用、产品或服务挑选、用户疑难解答3个方面的内容。通过提供实用价值，新媒体文案能够为用户解决日常生活中的问题，提高用户对产品的认知水平，甚至为用户的日常交流、讨论提供素材等。

此外，为用户提供实用价值也是用户利他心理的一种表现，利他心理是一种从给予他人方便和利益的角度出发而不求回报的心理。新媒体文案中的内容既能够与用户身边的亲人、朋友契合，也能够提高用户分享新媒体文案的概率。

例如，新媒体文案《超级有意思且非常实用的心理学小窍门》，就是通过介绍一些在日常生活中有用的小窍门，为用户提供实用价值。

5. 增强归属感

归属感是指个体与所属群体之间的一种内在联系，文案人员可以通过建立与用户的联系、加强与用户的联系和与现实生活融合3种方法，加强用户的归属感，拉近与用户之间的距离，提高用户黏性。

- **建立与用户的联系**。文案人员可通过创作与用户人格、兴趣、价值观、世界观、人生观等相契合的新媒体文案，与用户建立联系，使用户产生内在的安全感，从新媒体文案中找到归属感。例如，新媒体文案的主题是对某一热门事件发表的看法，那么，与该文案有相同看法的用户就很容易从新媒体文案中获得归属感，从而更加认同该品牌，甚至成为忠实用户。
- **加强与用户的联系**。当用户与产品或品牌产生联系后，文案人员就应该加强这种联系，通过全面地考虑用户需求，降低用户在阅读过程中的障碍，使用户更容易获取新媒体文案中展现的内容，使用户产生一种品牌理念与自身看法十分契合的感觉，加强用户黏性。
- **与现实生活融合**。文案人员可充分考虑用户在实际生活中的情景，将其融入新媒体文案，使用户产生共鸣，加强用户对新媒体文案的理解，使用户产生归属感。

6.1.3 附着力

附着力是指两种不同物质之间的相互吸引力，它能够将新媒体文案所表达的信息植入用户的大脑，让该信息被用户理解、记忆，并持久地对用户产生影响，因此附着力也可以称为黏性。一般来说，传播性文案的附着力可以通过精练文案核心信息、辅助用户理解记忆和引导用户互动3种方式进行提高。

1. 精练文案核心信息

在创作新媒体文案时，文案人员可以将产品或品牌的核心信息提炼出来，作为新媒体文案的主题，以加强产品或品牌给用户的印象，增强新媒体文案的附着力。例如，百雀羚在微信公众号上发布的新媒体文案《你笑起来真好看，小绿瓶给你点赞》，就抓住了产品的核心卖点"爱笑无纹"，围绕"笑"创作了该篇新媒体文案，加强了用户对于百雀羚小绿瓶去皱纹的印象。图6-2所示为百雀羚新媒体文案的截图。

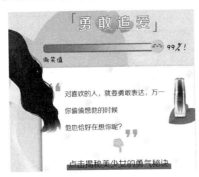 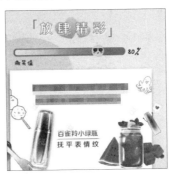

图6-2　百雀羚新媒体文案的截图

2. 辅助用户理解记忆

创作新媒体文案时，文案人员可以借助一些具体的记忆点，辅助用户理解文案的主题，使该记忆点与产品或品牌相关联，加深用户对于该记忆点及产品或品牌的印象，使用户在提到产品或品牌时，能够根据该记忆点，展开一系列具象化的记忆，迅速联想到该产品或品牌。

例如，花西子的产品文案，在描述口红色号时，就借助樱红、草莓红、浆果葡萄等日常生活中的颜色来辅助用户理解口红色号。图6-3所示为花西子口红产品文案的截图。

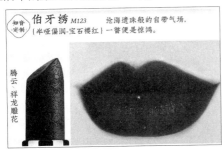 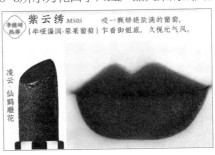

图6-3　花西子口红产品文案的截图

3. 引导用户互动

与用户进行互动，能够加深用户对新媒体文案的印象，增加用户分享的概率，文案人员可以在新媒体文案的结尾部分，利用引导性话语，引起用户的互动，使用户参与话题讨论。若是视频式的新媒体文案，文案人员还可以在视频中通过提出问题，邀请用户发表关于问题的看法等方式，与用户进行互动。图6-4所示为引导用户互动的视频文案截图。

图6-4　引导用户互动的视频文案截图

6.2　新媒体文案传播的技巧

要想获得更好的营销效果，仅掌握新媒体文案的写作方法是远远不够的，文案人员还需对新媒体文案的传播技巧进行了解、熟悉，以扩大新媒体文案的传播范围。下面将从唤醒用户痛点、重复核心语句、加强口语化表述和善用语法引导4个方面对新媒体文案传播的技巧进行介绍。

扫一扫　看微课

新媒体文案传播的技巧

课堂讨论

（1）新媒体文案有哪几种传播方式，都是怎么进行传播的？
（2）假设你是文案人员，你会采用哪些方式传播新媒体文案？

6.2.1　唤醒用户痛点

针对用户痛点写作新媒体文案，更容易引起用户的注意力。要想唤醒用户的痛点，文案人员可以从用户的角度出发，细分目标用户、结合用户需求、找到合适的切入点。

1. 细分目标用户

目前，许多新媒体文案存在一个共同的问题：将某个群体的痛点视为目标用户痛点，导致产品或品牌与新媒体文案塑造的形象有所差别，达不到用户的预期，从而失去用户，甚至损害产品或品牌形象。因此，要想提高新媒体文案的传播性，文案人员就需要对目标用户群体进行细分，了解目标用户的特征，确定其痛点。

例如，某一推荐收纳产品的新媒体文案，其目标用户群体为大学生，那么其痛点就是"收纳难，物品摆放杂乱"；对其进行细分，则可以将目标用户定位为多人宿舍的大学生，那么其痛点可以为"空间太小，东西太多，无法摆放"；再次细分，将目标用户定位为住在多人宿舍的文艺范儿大学生，那么其痛点可以为"宿舍拥挤，无法拥有自己的私人空间"。

随着对目标用户的细分，目标用户的特征就会越来越明显，因此确定的痛点也会越来越接近用户的真实痛点，如此新媒体文案对用户的吸引力也会越强。

2. 结合用户需求

在确定用户痛点之前，文案人员应该仔细观察用户，通过其对产品或品牌的需求，捕捉用户的真实痛点，提高新媒体文案对用户的吸引力，增强文案的传播性。

文案人员在分析用户需求时，可以近距离地接触用户，通过问卷调查、一对一沟通等方式，了解用户对产品或品牌的看法、评价、意见等，从产品本身出发，分析用户的深层动机。文案人员可以从用户类型和用户关注点两个方面分析用户的需求。

- **用户类型**。用户类型可以根据用户产生消费行为的原因、用户对产品或品牌的了解、用户消费次数、用户身份等不同分类方法进行区分。例如，用户产生消费行为的原因可以分为喜欢该产品、迫切需要该产品、被朋友推荐等，喜欢该产品的用户，其需求就可能是该产品的性能、款式等；迫切需要该产品的用户，其需求可能就是该产品本身；被朋友推荐的用户，其需求则可能是该产品的某一方面，如款式、颜色、性能等符合用户的要求或审美。
- **用户关注点**。用户关注点是指用户对产品或品牌本身，更关注的内容。例如，用户对一条连衣裙的关注点可能是款式、做工、细节、配色等，而对该品牌的关注点则为品牌口碑、品牌产品风格、品牌品控等。

3. 找到合适的切入点

在唤醒用户痛点时，文案人员可针对用户的不同心理，找准切入点，以便更贴近用户的真实痛点。一般来说，用户心理包括补偿心理、比较心理、两难心理、一致性心理、择优心理和优越心理6种心理，下面分别进行介绍。

- **补偿心理**。用户的补偿心理包括补偿自己和补偿他人两种。其中，补偿自己是指当用户认为在一段时间内，自己的工作、行为等较为突出，或为目标付出较多时，产生的一种想要通过消费犒劳自己的心理。例如，某品牌在年底以《辛苦工作一年，来点××重新出发吧》为标题写作新媒体文案，就是抓住了用户补偿自己的痛点。补偿他人是指当用户意识到他人为自己付出了许多，而获得的回报却很少时，产生的一种愧疚、想要弥补的心理。例如，妇女节前夕，百雀羚发布的新媒体文案就是通过唤醒用户对母亲的弥补心理，而写作的新媒体文案，图6-5所示为百雀羚发布的新媒体文案。

图6-5 百雀羚发布的新媒体文案

- **比较心理**。比较心理是指因为对方拥有某样用户没有的物品，而使得用户产生消费行为的心理。

- **两难心理**。两难心理是指在日常生活中，用户常常会在两个均想达成的目标之间进行选择的心理。如果新媒体文案能够帮助用户进行选择，或使用户能够二者兼得，那么用户就更容易接受文案提及的产品或品牌。例如，一些美食爱好者，既希望吃到城市里隐藏的美味小吃，又不愿意自己去探寻，而探店类的美食视频账号就能帮助用户消除这种两难心理。

- **一致性心理**。一致性心理是指用户希望在不同行为之间，能够保持一致性的心理。当用户的不同消费行为之间产生冲突时，用户会因为其一致性心理，改变某一消费行为。例如，一位秉承着性价比至上的用户在购物时，很难因为文案的描述吸引人而选择其产品进行消费。

- **择优心理**。择优心理是指用户在两个或多个同成本、同花费的产品或服务上，往往会选择更优质的产品或服务的心理。文案人员可以借助一定的参照物，增强新媒体文案的说服力。例如，书亦烧仙草就借助"半杯都是料"，与其他奶茶店的产品形成对比，突出自身产品的特点。

- **优越心理**。优越心理是指当用户获得的产品或服务是其他用户难以获得的产品或服务时产生的心理。例如，会员制度下，会员用户购买产品往往能够比普通用户享受更多折扣，这容易使会员用户产生优越心理。

 专家指导

　　在新媒体文案发表后，文案人员还可以结合达到的效果，对文案痛点进行复盘，思考其是否找到了产品或品牌的特别之处，是否能够吸引用户进行转发、分享，产品或服务是否拥有专属性，即专属于某一类数量有限的人群。

6.2.2　重复核心语句

　　在新媒体文案中，不断重复文案的核心语句，可以减缓用户对新媒体文案的遗忘速度，使用户对产品或品牌印象深刻。一般来说，新媒体文案可以从核心语句和频率高语句两个方面进行重复，加深用户的印象。文案人员通过核心语句的不断重复，可以提高产品或品牌的曝光度和知名度。

 案例分析：天猫：爱自己就是了不起

　　2020年3月4日，天猫在妇女节前夕发布了一则视频文案，该视频从家人、朋友、工作、生活讲起，说女性有许多东西需要去爱，但这些东西里面都少了"自己"，于是呼吁广大女性用户"停下来好好爱自己"，告诉女性"爱自己"不可以凑合。然后通过拥有不同身份的女性，如环球旅行家、职场妈妈、博主和演员，从各自的角度分别谈"爱自己"，告诉女性用户"爱自己"的方式有很多种，从而引出文案主题"变成更好的自己，让世界多一个了不起的女性"。图6-6所示为视频文案的截图。

　　"爱自己就是了不起"文字内容展示

图6-6　视频文案的截图

案例点评：该新媒体文案通过"女性有很多东西需要去爱 好像都少了点自己"，引出主题"爱自己"，并在文案的后面部分不断重复"爱自己"，包括爱自己的形式"不凑合""去锻炼"，以及爱自己的原因"让自己开心"，再分别通过具有不同身份的女性用户讲述自己的方式，重复"也是一种爱自己"，告诉用户"爱自己"的方式很多，并在最后引出新媒体文案的主题"爱自己就是了不起"，使文案主题更加深入人心，提高和扩大了活动的曝光度和传播范围。

6.2.3　加强口语化表述

口语化表述是指借助用户熟悉的、常用的语句和表达方式，对文案进行创作。口语化的文案更容易使用户联想到产品或品牌，有利于产品或品牌在不同用户之间进行传播。对新媒体文案进行口语化表述，能够帮助用户理解文案主题，提高新媒体文案的传播性，增加新媒体文案的浏览量，扩大传播范围。

在对新媒体文案进行口语化传播时，文案人员应注意遵循短促、简单和不形式化的原则，使文案语句容易被用户所理解。

- **短促**。短促是指长度短、语气肯定且节奏强，短促的语句能够加强新媒体文案的可信度，使用户更容易接受文案所讲内容，从而产生浏览与转发的行为。例如，"春夏的高级穿法"就比"春夏这样穿，你就是路人眼里的cool guy"更容易获得用户的信任，且更容易吸引用户的注意力。

- **简单**。简单是指用词简单、方便，更符合人们日常生活中的用语习惯，更容易引起用户的好感。例如，"这样吃鱼真是方便又实用"就比"简单实惠的鱼类做法"更加符合人们在日常生活中的用语习惯。

- **不形式化**。不形式化是指新媒体文案的用语不拘泥于语法，而采用口语的方式来表达，使用户更容易理解文案的内容。文案人员在创作新媒体文案时，可以将其带入日常生活，通过对话的方式，将新媒体文案口语化，加强用户的好感度。

一般来说，利用口语化进行新媒体文案的传播，需要注意文案应易听、易记、易读、易理解、易传播、易引起共鸣。图6-7所示为钉钉发布的口语化风格的新媒体文案。

图6-7　钉钉发布的口语化风格的新媒体文案

6.2.4　善用语法引导

在创作新媒体文案时，文案人员可通过语法引导，促使用户分享新媒体文案，增强文案的传播性，下面将分别从陈述句和动宾结构两个方面进行介绍。

1. 陈述句

陈述句往往用于陈述事实或表达说话人的看法，在新媒体文案中，陈述句可以提高文案的说服力，使用户更容易接受文案内容。

例如，支付宝在知乎发布的新媒体文案《只是想告诉你们一声，"相互宝"一年了，这1亿人救助了1万人》，就是直接用陈述句，将相互宝这一年获得的成就讲述出来，增加了新媒体文案的可信度，其中，"一年""1亿"和"1万"这3个数字，还能够提高用户对新媒体文案的敏感度，提高文案的受关注度。

 专家指导

> 此外，文案人员还可以利用陈述句将产品或服务的细节描述出来，丰富新媒体文案的内容，增强其说服力。

2. 动宾结构

动宾结构主要是由动词和宾语两个部分组合而成的语法结构。文案人员利用动宾结构可以使新媒体文案的语言更加具有传播性，也可以使文案在传播时更加容易吸引用户的注意力，增加新媒体文案的浏览量，促进用户产生消费行为。

例如，唯路时的新媒体文案"向我而生"，就是采用动宾结构，通过描写用户在生活中的焦虑，引导用户从"我"的角度看待问题，不必慌张、先让自己无可替代，从而表现品牌理念"一切都是为了自己"，告诉用户应当"向我而生"，即按照自己的想法生活，也从侧面引导用户"向我（唯路时）而生"，从而达到吸引用户购买该产品的目的，图6-8所示为唯路时的海报文案截图。

图6-8　唯路时的海报文案截图

请你利用新媒体文案传播的技巧，对下列新媒体文案进行优化。

（1）适合夏日观看的 15 部电影推荐。

（2）在写小说时，怎样写好热血沸腾、波澜壮阔的打斗场景？

（3）这些品牌讲故事的方法，你也可以学会。

6.3　新媒体文案传播的注意事项

虽然新媒体文案的质量足够优秀时，总会引起足够多用户的关注，达到既定的营销目标，但在对新媒体文案进行传播时，文案人员还需要注意选择合适的发表时间、信息传达要准确、不要有错别字，以提升传播效果。

（1）你喜欢在哪个时间段浏览新媒体文案，为什么？

（2）你在浏览新媒体文案时，会被哪些文案内容所吸引？

6.3.1　选择合适的发表时间

选择合适的时间发表新媒体文案，可以起到事半功倍的效果，在发表新媒体文案前，文案人员需要先分析新媒体平台的特点，根据该平台不同时间段用户在线数量以及产品或品牌特点，选择合适的时间。

一般来说，7:00～9:00、11:00～13:00、17:00～19:00，以及21:00～23:00这4个时间段，是大部分用户登录新媒体平台，浏览、查看文案的高频时间段。文案人员可以根据新媒体文案主题、平台特点，选择合适的时间段，上传新媒体文案。

例如，一篇以激励用户为主题的新媒体文案，就可以在8:00前发表，方便用户在起床、吃早餐、上班路上查看，激发用户的工作积极性。一篇以放松心情、美文欣赏等为主题的新媒体文案，可以在19:00后推送，以轻松、有趣的内容减少用户工作一整天的疲惫感，从而增加新媒体文案的阅读量与转发量；一篇以推广产品为主题的新媒体文案，可以在20:00～21:00推送，以便为用户留出足够的时间挑选、购买产品；以情感分享、助眠为主题的新媒体文案，可以在22:00后发布，借助夜晚人们感情更加丰富的特点，触动用户、获得用户的认同。

　　如果在综合分析后，发现合适的时间太早或太晚，那么文案人员还可以提前写好需要发表的新媒体文案，设置好发表时间，定时将其发布出来，这种方法可以避免节假日无人发布新媒体文案的尴尬情况。同时，充足的内容创作时间还可以提高新媒体文案的质量，使文案内容更加吸引用户，提高用户的阅读量和转发量。

　　文案人员在微信公众平台编辑完成微信公众号文案后，可以直接单击 **保存并群发** 按钮，打开"新建群发"页面，单击 **群发** ▼ 按钮右侧的下拉按钮 ▼ ，打开"定时群发"页面，设置群发时间，图6-9所示为微信公众号定时群发设置。对于微博，可以进入"管理中心"，单击"定时微博"，在"定时微博发布"文本框中输入新媒体文案，设置发布时间，图6-10所示为定时微博设置。

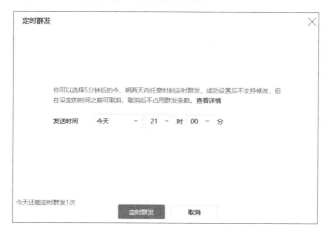

图6-9　微信公众号定时群发设置

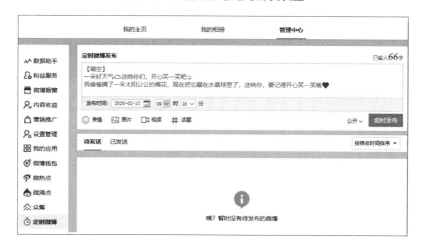

图6-10　定时微博设置

 专家指导

> 　　此外，一些新媒体平台的审核时间会较长，如哔哩哔哩、抖音等，针对这种情况，文案人员应提前发表新媒体文案，预留出审核时间，以便能够及时被用户看到。

6.3.2　信息传达要准确

　　新媒体文案在进行传播时，应该明确需要传达的信息到底是什么，然后高效地将文案主题传递给用户。为保证新媒体文案在传播时，信息传达的准确性，文案人员可将新媒体文案的主题提炼出来，作为文案标题或简介，直观地展示给用户，或者在评论区置顶，强调文案要传达的信息。

　　图6-11所示为提炼主题的新媒体文案，图6-12所示为在评论区置顶文案主题。

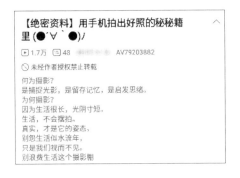

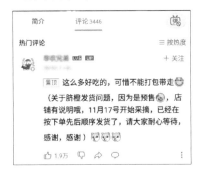

图6-11　提炼主题的新媒体文案　　　　　图6-12　在评论区置顶文案主题

6.3.3　不要有错别字

　　如果新媒体文案中存在错别字，不仅影响用户的阅读，还会给用户留下不好的印象，即使文案内容再好，也可能使用户放弃将文案分享出去。一些要求较为严格的用户看到错别字后可能放弃阅读该新媒体文案。因此，文案人员需在对新媒体文案进行传播前，修改文案中的错字别，提升用户的阅读体验。

　　在检查新媒体文案中的错别字时，文案人员可以通过自查和他查两种方式进行。自查是指文案人员再对文案进行通读，逐字逐句确认文案中是否存在错别字；他查是指文案人员邀请身边的同事、好友等，对文案进行检查，确认文案中是否存在错别字。为降低新媒体文案的错别字出现概率，文案人员可以先进行自查，再进行他查，进一步减少错字数量。

6.4 增强新媒体文案传播性的方法

扫一扫 看微课

增强新媒体文案
传播性的方法

新媒体文案最终能否达到营销的效果，不仅取决于文案本身的吸引力，还取决于文案的传播性。下面将从选择恰当的图片、合理运用色彩、优化文字、促进情感交流和直接利用提问这5个方面对增强新媒体文案传播性的方法进行介绍。

课堂讨论

（1）你在新媒体平台浏览信息时，往往会被哪些文案内容吸引？

（2）你会将这些文案内容分享给朋友吗，为什么？

6.4.1 选择恰当的图片

一张好的图片，可以在第一时间吸引用户的注意，引起用户对新媒体文案的好奇，进而阅读新媒体文案的具体内容。因此，要想增强新媒体文案的传播性，首要方法就是选择恰当的图片。一般来说，在选择图片时，文案人员可以从文案主题、创意性和用户偏好3个方面进行思考。

- **文案主题**。适合文案主题的图片不仅可以引起用户对文案的好奇，还可以作为文案内容的补充，在用户阅读完文案内容后，向用户展示文案中提及的产品、服务等。图6-13所示为根据文案主题选择的图片，该微博文案以"年味有你才对味"活动作为主题，邀请用户参与晒年夜饭活动；其图片则结合文案主题，通过漫画的形式展示了东北地区年夜饭的场景。

图6-13 根据文案主题选择的图片

- **创意性**。在信息泛滥的新媒体时代，具有创意性的图片更容易吸引用户的眼球，更容易使新媒体文案从大量同质化的信息中脱颖而出，引起用户的兴趣。需要注意的是，创意性图片也需要与新媒体文案有关联。图6-14所示为Keep的创意性图片，Keep借助表情符号，制作了背向奔跑的男女人物形象，并以"哒"字作为背景，使用户联想到跑步时的脚步声，以"爽"字唤醒用户关于跑完步后大汗淋漓的爽快感，使用户想了解该文案的具体内容。
- **用户偏好**。在选择图片前，文案人员可分析目标用户的特征，根据其偏好选择恰当的图片，以激起用户的阅读欲望。图6-15所示为根据用户偏好选择的图片，该图片直接将用户关注的洋桔梗、百合的价格以及鲜花产地的信息展示出来，使对洋桔梗、百合感兴趣的用户可以直接查看具体的新媒体文案内容。

图6-14　Keep的创意性图片

图6-15　根据用户偏好选择的图片

6.4.2　合理运用色彩

不同的色彩所表达的情感、能够营造的氛围都是不同的，如红色往往代表着热情、炽烈、高兴等情感，能够营造喜悦的氛围。蓝色往往代表着平静、忧郁等情感，能够营造抒情的氛围。在传播新媒体文案前，文案人员应先分析新媒体文案所要表达的情感，再根据情感选择合适的色彩，以吸引用户的注意，促进其查看新媒体文案的正文。

例如，某新媒体文案的主题是庆祝某品牌创立8周年，那么就可以选择红色作为主色，营造一种喜庆的感觉；某新媒体文案的主题是庆祝七夕，那么就可以选择粉色为主色，营造甜蜜的氛围。

如果新媒体文案没有特别的情感或氛围需要烘托，那么文案人员可以选择与品牌色同一色系的颜色，强化该颜色与品牌的联系，使用户能够通过颜色联想到品牌。

此外，文案人员还需注意新媒体文案中的色彩搭配，一般来说，可采用对比色搭配法和类似色搭配法。

- **对比色搭配法**。对比色搭配法是指利用色彩对比强烈、视觉冲击力大的颜色进行搭配，使其产生色彩对比，吸引用户的注意。

- **类似色搭配法**。类似色搭配法是指选择同色系的颜色进行搭配，使文案给人一种宁静、和谐的感觉。

专家指导

品牌色是品牌重要的组成部分。例如，2020年3月，因为支付宝的性质由支付平台转变为了数字生活开放平台，因此，其品牌色也随之从浅蓝色变为了深蓝色。用户在更新支付宝App后，发现其颜色改变了，于是纷纷在新媒体平台上询问发生了什么。图6-16所示为用户询问支付宝品牌色变化的截图。

图6-16　用户询问支付宝品牌色变化的截图

6.4.3　优化文字

好的文字可以起到刺激用户，吸引用户的注意，引起用户兴趣，增加新媒体文案阅读量的目的。在对新媒体文案进行传播时，文案人员可以对文字进行优化，以提高新媒体文案的传播性。

在对新媒体文案的文字进行优化前，文案人员需要先确定文案中的重要内容，然后简化文案结构，精炼用语，甚至使用短句来增强文案的可读性，提高文案的传播性。

- **确定重要内容**。文案人员应对新媒体文案进行通读、细读，从中找出重点内容，确定文案的主体框架，突出关键信息，使用户更容易抓住新媒体文案的主题，方便用户记忆。
- **简化结构**。在对新媒体文案进行传播时，文案人员可以对新媒体文案的结构进行简化，以新媒体文案的主要信息吸引用户的注意，促进用户完整阅读新媒体文案，从而提高新媒体文案的传播性。
- **精炼用语**。文案人员可以对新媒体文案中的文字进行缩减、精炼，减少文案中的重复用语、不必要的修饰词等，增强文案的逻辑性、可读性，提高新媒体文案的传播概率。

- **使用短句**。短句能够降低用户对新媒体文案的阅读和记忆难度。在创作新媒体文案时，文案人员可以使用短句，通过对长、短句的交叉使用，增强新媒体文案的节奏感，加深文案给用户的印象，提高新媒体文案的传播性。

6.4.4 促进情感交流

与用户交流情感，能够拉近用户与产品或品牌的距离，提高用户的忠诚度。在传播新媒体文案时，文案人员可以结合文案主题，分享自己的经历、感悟，吸引用户产生阅读兴趣，并与用户就文案主题或分享的内容进行交流讨论。

此外，即使在平时，文案人员也可以通过与用户分享日常生活中的趣事，以点赞、回复用户评论等方式，吸引用户的注意，与用户进行交流，加深用户对产品或品牌的印象，为新媒体文案的传播奠定良好的基础。

6.4.5 直接利用提问

在新媒体文案中，直接利用提问，可以调动用户的表达欲望。文案人员可以在文案的开头或结尾提出问题，激发用户的交流、分享欲望。在新媒体文案的传播过程中，一个恰当的问题还可以增加新媒体文案的点击率，扩大文案的传播范围。

图6-17所示为直接提问的新媒体文案，该文案就是以提问的方式引出了文案主题"待产包中需要准备的物品"，引起目标用户的讨论，吸引有需要的用户进行转发，从而提高新媒体文案的传播性。

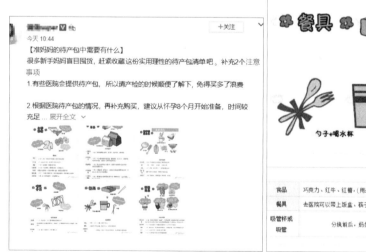

图6-17 直接提问的新媒体文案

6.5　不同新媒体平台的文案传播

在新媒体平台中，虽然新媒体文案传播的方法都是相同的，但因为不同新媒体平台的特点不同，所以文案人员针对不同平台的写作文案的方法也会存在区别。下面将对微信、微博和社群这3种使用频率较高的新媒体平台中的文案传播进行介绍。

（1）你会将自己喜欢的新媒体文案分享出来吗，为什么？

（2）列举一个身边的文案传播案例，并分析其传播效果。

6.5.1　微信文案传播

微信是日常生活中较为常用的新媒体平台，文案人员在使用微信平台传播新媒体文案时，要想让其传播范围足够大，就需要先了解微信传播的优势，然后掌握传播方法并进行文案的传播。

1. 微信传播的优势

微信是一种具有社交性质的新媒体平台。下面分别从传播速度快、关注率高、准确率高和传播方式多样化4个方面进行介绍。

（1）传播速度快

微信朋友圈只有好友才能查看的特点，以及微信公众号只给粉丝推送新媒体文案的特点，决定了能够看到新媒体文案的用户，往往都是对产品或品牌有兴趣，甚至是已产生消费行为的用户。这类用户会因为自身的喜好、经验等，更容易将新媒体文案转发、分享给其他用户，为文案带来更高的传播效率。

（2）关注率高

随着智能手机的普及，微信也受到了广大用户的喜爱，成了人们日常联络感情、分享生活趣事的常用软件。因此，若企业在微信平台中拥有数量不少的用户，那么新媒体文案一经发表，就可能引起用户群体的关注，获得较高的关注率。

（3）准确率高

在微信平台上，微信朋友圈限定了只有微信用户的好友才能查看相关内容，公众号则只将相关内容推送给已关注的用户，这决定了新媒体文案在微信平台进行传播时准确率高。

（4）传播方式多样化

在新媒体文案中，虽然最常用的微信功能是朋友圈和微信公众号，但微信的其他功能也可以帮助新媒体文案进行传播，如扫一扫、看一看和小程序。

- **扫一扫。**文案人员可将微信个人账号或微信公众号的二维码展示出来，吸引用户扫描、识别并添加微信个人用户或关注微信公众号，甚至还可以将新媒体文案的内容制作成二维码，直接以二维码的形式吸引用户扫描查看文案内容。
- **看一看。**用户在"看一看"中，可以发现好友关注的热点，并从中找出自己感兴趣的内容。文案人员在编辑新媒体文案时，可以在最后向用户发出请求：帮忙点一下"在看"。用户点击完"在看"后，即可分享新媒体文案到"看一看"中，使更多用户注意到新媒体文案。图6-18所示为新媒体文案发出点击"在看"请求的截图。

图6-18　新媒体文案发出点击"在看"请求的截图

- **小程序。**文案人员可利用小程序，将发表在其他平台的新媒体文案分享给用户，从而提高文案阅读量，扩大传播范围。

2. 微信传播的方法

虽然在微信平台中进行新媒体文案传播具有高效、精准等特点，但文案人员还可以通过其他的方法提高传播的效率和传播范围。下面将从朋友圈引流、病毒营销、结合热门话题和付费传播4个方面介绍微信传播的方法。

（1）朋友圈引流

在利用朋友圈进行引流时，文案人员可以通过文字、图片、海报等形式，将新媒体文案的主题展示出来，通过文案主题吸引用户查看新媒体文案，并结合文案链接、二维码，方便用户查看具体内容，以具体内容引导用户转发。但需要注意的是，文案正文不能冗长，否则会导致用户没有耐心继续查看新媒体文案的内容，导致流失目标用户。

此外，文案人员还可以将新媒体文案的主题内容通过截图的方式展示在朋友圈中，但需注意的是，应概括文案的主题，吸引用户点击查看截图内容。

一般来说，能够引起用户转发的新媒体文案内容有以下4种。

- **观点表述**。当新媒体文案表达的观点与用户观点一致，且更有理有据时，用户就会通过转发文案来表达自己的想法或观点。
- **实用心理**。如果新媒体文案的内容能够运用到日常生活中，能够为用户或其身边的朋友提供帮助，用户就会转发文案。
- **话题讨论**。当新媒体文案表述的观点、对事件的看法等能够引起用户的兴趣，使用户产生倾诉心理时，用户就会转发到朋友圈或微信群中，与朋友进行讨论。
- **自我展示**。当新媒体文案与用户的自我定位、认知一致时，用户则有可能转发文案，向微信好友表示自己的立场、定位等。

基于用户转发文案的动机，结合新媒体文案的特点，我们总结了以下技巧，用于引导用户转发文案内容。

- **提炼文案主题**。提炼文案主题是指将新媒体文案中所表达的中心思想，浓缩为一句精练的语言，作为用户转发文案时的转发语，以增加用户转发的概率。例如，微信公众号文案《就算每一天都会见到你，但见到你还是好高兴》，以"我们和宠物的爱，始终都是互相的"作为结尾，如此，用户在转发文案时就可以直接以这句话作为转发语。
- **激发利他心理**。激发利他心理是较为常见的引导转发技巧，指在文案结尾主动提醒用户将文案分享到微信朋友圈，如转发给你身边的"考研党"，转发给在××的朋友等。
- **引发用户讨论**。选取有争议性的话题，从其中一个角度写作新媒体文案，在结尾处提出不同角度的观点，以询问用户观点的方式引导转发。

（2）病毒营销

病毒营销是指利用用户的积极性和人际关系网，让营销信息像病毒一样传播和扩散出去，使营销信息在短时间内快速传播给更多用户的营销方式。微信传播的优势，更决定了病毒营销与微信平台能更好地契合。

因此，在对新媒体文案进行传播的过程中，文案人员可以借助病毒营销，利用用户的积极性和人际关系网，让新媒体文案快速传播、扩散。

文案人员可以通过丰厚的奖品，吸引用户将新媒体文案分享到微信朋友圈，或分享给微信好友，以引起更多用户的好奇，提高新媒体文案的阅读量，继而促使更多用户将新媒体文案分享出去，不断扩大新媒体文案的传播范围，达到病毒营销的效果。

图6-19所示为集赞有奖的文案，该文案就是通过集赞32个并保留24小时，以兑换价值88元"吃货大礼包"的活动形式，吸引用户分享该文案，将其传播给更多的用户，并通过"数量有限，先到先得"一语增强用户的紧迫感，促进更多用户参与活

动，达到病毒式营销的效果。

图6-20所示为分享给好友抽奖的文案截图，该篇新媒体文案以价值2680元的口红套盒作为奖品，引起用户的兴趣，促使用户分享给更多好友，从而增加文案的阅读量。为了提高中奖率，同一用户还可能将文案多次分享给微信好友，这就扩大了新媒体文案的传播范围。

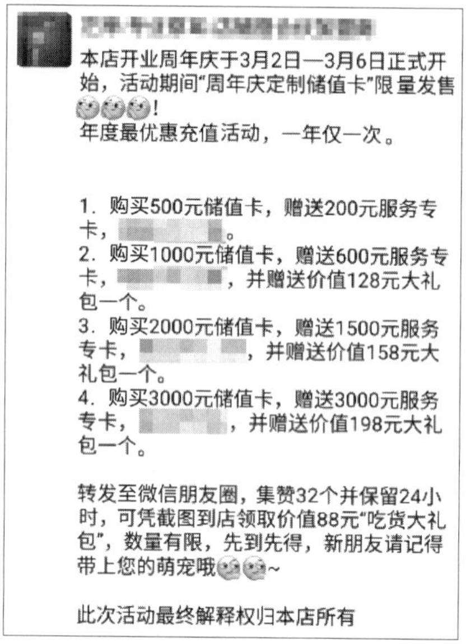

本店开业周年庆于3月2日—3月6日正式开始，活动期间"周年庆定制储值卡"限量发售😍😍😍！
年度最优惠充值活动，一年仅一次。

1. 购买500元储值卡，赠送200元服务专卡，██████。
2. 购买1000元储值卡，赠送600元服务专卡，██████，并赠送价值128元大礼包一个。
3. 购买2000元储值卡，赠送1500元服务专卡，██████，并赠送价值158元大礼包一个。
4. 购买3000元储值卡，赠送3000元服务专卡，██████，并赠送价值198元大礼包一个。

转发至微信朋友圈，集赞32个并保留24小时，可凭截图到店领取价值88元"吃货大礼包"，数量有限，先到先得，新朋友请记得带上您的萌宠哦😊😊~

此次活动最终解释权归本店所有

图6-19　集赞有奖的文案

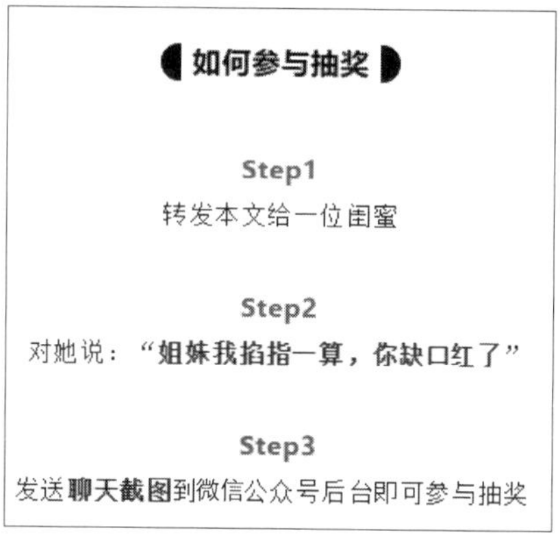

◀ 如何参与抽奖 ▶

Step1
转发本文给一位闺蜜

Step2
对她说："姐妹我掐指一算，你缺口红了"

Step3
发送**聊天截图**到微信公众号后台即可参与抽奖

图6-20　分享给好友抽奖的文案截图

（3）结合热门话题

热门话题自带流量，在传播新媒体文案时，结合热门话题可快速吸引用户注意，为文案带来更多的阅读量。如果话题与文案结合得较好，用户还可能将其分享出去，使更多用户看到该新媒体文案。在结合热门话题时，文案人员需先分析近期的热门话题，然后结合新媒体文案的主题，对文案进行传播，以保证新媒体文案能够引起更多用户的关注。

例如，百雀羚的新媒体文案《女王节，我们用色彩做了一次跨界》就是借助"三八"妇女节的热点，与安踏进行跨界营销，以"带妆运动"为主题，吸引用户的注意，从而促进新媒体文案的传播。

（4）付费传播

微信平台的付费传播包括微信朋友圈的付费传播和微信公众号的付费传播。

- **微信朋友圈的付费传播。**文案人员通过微信朋友圈的付费传播。可以将推广内容展示在用户的微信朋友圈中，并以右上角的"广告"二字提示用户，图6-21所示为微信朋友圈付费传播。微信朋友圈支持常规广告和基础广告的付费传播，可以用于推广品牌活动或本地品牌，能够使用文字链接跳转到指定页面，方便用户查看具体信息。品牌通过微信官方渠道，只需提供企业资质，即可投放相应文案进行传播。

- **微信公众号的付费传播。** 文案人员通过微信公众号的付费传播，可以将推广内容展示在微信公众号文案正文中或文案结尾处，并以"广告"二字提示用户，图6-22所示为微信公众号付费传播。如果是将推广内容放置在微信公众号文案中，那么需要在推广内容前后间隔一定距离，其具体展示位置可以根据需要在编辑文案时设置。用户在浏览时可以直接点击推广内容，打开链接页面进行查看。

图6-21　微信朋友圈付费传播

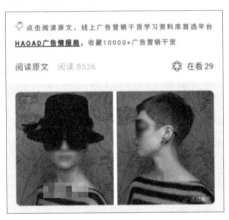

图6-22　微信公众号付费传播

专家指导

　　文案人员可以在微信公众平台上选择左侧工具栏中"推广"下的"广告主"选项，通过选择微信公众号广告或微信朋友圈广告，设置相应方案，对新媒体文案进行传播。

6.5.2　微博文案传播

　　与微信不同，用户在微博上发布的信息，任何用户都可以看到，这也增加了用户每天在微博平台可以看到的信息数量，加大了新媒体文案获得良好传播效率的难度。要想在众多信息中引起用户的注意，文案人员需要了解微博的特点，掌握微博传播的技巧，并合理运用微博的付费传播。下面分别进行介绍。

1. 微博的特点

　　微博作为一个具有商业价值的新媒体平台，具有便捷性、传播性和原创性的特点。

- **便捷性**。在微博平台上，用户可以浏览其他用户发布的信息，也可以发布自己认为有意思、想发的信息，并且由于智能手机的普及和互联网的广泛应用，用户可以随时随地查看、发布内容。

- **传播性**。微博是一个拥有大量用户、能够连接各种不同新媒体平台的平台，支持不同表现形式的新媒体文案传播。用户在使用微博时，不仅可以在首页中查看自己关注的微博用户发布的信息，还可以在推荐页中浏览陌生用户发布的信息，并将自己感兴趣的信息转发到自己的微博中。

- **原创性**。微博是一个包容性很强的平台，任何用户都可以在该平台上发布信息，这也使得其原创性较强。

2. 微博传播的技巧

微博平台拥有数量庞大的用户群体，对企业来说，这既是一种优势，也是一种劣势。优势是新媒体文案只要足够优秀、能够吸引人，就很容易引爆平台，获得不错的传播效果。劣势是随着越来越多用户的入驻，即使是好的新媒体文案，要想在众多新媒体文案中脱颖而出，也具有一定的难度。因此，文案人员需要掌握一定的微博传播技巧，促使新媒体文案获得更好的营销效果。

一般来说，在微博平台传播新媒体文案时，可以借助以下4种技巧。

- 选择与新媒体文案相关的关键词、话题等，提高文案的曝光率。

- 与行业大V合作，利用大V的人气、影响力，为新媒体文案带来浏览量。

- 组织微博抽奖、转发、挑战、比赛等活动，激发用户转发的积极性，扩大传播范围。

- 通过连载增加用户黏性，提高用户忠诚度，勾起用户的求知欲，引导其进行传播。

3. 微博付费传播

在对新媒体文案进行传播时，企业还可以通过微博官方的付费传播，将新媒体文案展示给更多用户，获得更好的传播效果。常见的付费传播包括微任务、超级粉丝通、粉丝头条、DMP平台和WAX平台5种。

（1）微任务

微任务是新浪官方微博任务平台，企业或个人可以授权"微任务"应用并通过发布任务的形式，选择微博账号进行商业有偿信息的微博原发或转发。而接受任务并发布或转发微博的则可能是微博平台已授权"我的微任务"的任何微博账号，企业或个人可根据文案主题、营销目的等，选择合适的微博账号，对微博文案进行传播。

在使用微任务进行传播前，企业认证账号需要对微任务平台进行授权，非企业认证账号则需填写基本信息，选择正确的分类，经过审核后进入微任务平台。在使用微任务平台时，不同的微博账号可根据需求的不同，分为个人用户、企业用户和自媒体账号3种身份。

- **个人用户**。个人用户适用于推广微博账号、传播某条微博文案。企业账号或个人账号可以选择"个人用户"的身份，进入微任务平台，选择合适的微博账号，传播自己的微博文案。个人用户进行微博文案传播时，只能以转发的形式，传播已经发布的微博文案，并且只能选择特定的自媒体账号进行传播。

- **企业用户**。企业用户适合有明确微博传播需求，需要更为精准、高级的微博传播服务。企业用户可以选择让自媒体账号发布微博文案，也可转发已发布的微博文案。企业用户能够根据实际需要，自由选择所有类型的自媒体账号，该账号能够看到更多数据，拥有高级的筛选功能。需要注意的是，企业用户需要累计充值2000元才能创建任务；充值满2000元后，企业用户还可自助发布任务。

专家指导

在自助使用微任务时，个人或企业用户需先充值至少2000元，然后将需要传播的新媒体文案上传，并设置推广时间，再根据微任务的权威影响力评级、分类和价格，选择合适的账户，提交相关内容。微任务官方审核新媒体文案后，将自动通过账号发布新媒体文案，并自动呈现传播效果。图6-23所示为微任务自助发布的流程图。

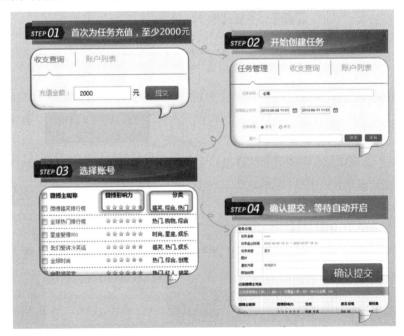

图6-23　微任务自助发布的流程图

- **自媒体账号。** 自媒体账号适合有一定影响力的微博大号、知名V用户、资深微博达人等，该账号可用于帮助其他账号传播微博文案，提高影响力。

企业或个人在选择合适的微博账号时，可以根据需求通过精准的分类和微任务平台提供的数据支持，筛选并找到匹配度高的微博账号，对微博文案进行传播。

图6-24所示为投放微任务后在微博中浏览到的文案效果。

图6-24　投放微任务后在微博中浏览到的文案效果

（2）超级粉丝通

超级粉丝通是微博为了提升企业或个人的推广体验和效果，使整个广告平台达到更高目标转化的信息流广告平台，旨在实现用户体验好、可拓展性强、更智能、更精准的微博广告传播。超级粉丝通能够基于微博海量的用户，将新媒体文案传递给目标用户和潜在目标用户，并能根据用户属性和社交关系将信息精准地投放给目标人群。下面对超级粉丝通的优势、文案推广功能和开通分别进行介绍。

① 超级粉丝通的优势

超级粉丝通具有海量触达、精准定向和多维传播的优势。

- **海量触达。** 微博拥有4.31亿月活用户、1.9亿日活用户，超级粉丝通可以覆盖微博亿级优质用户。
- **精准定向。** 超级粉丝通可根据微博大数据的用户画像、4000+的用户标签和688个兴趣领域，为开通服务的企业精准定位目标用户人群。
- **多维传播。** 超级粉丝通可以利用用户的社交关系，从多方面助力新媒体文案的传播。

② 超级粉丝通的文案推广功能

企业或个人可以根据推广需要，针对新媒体文案的主题，选择营销目的，建立推广计划，然后将新媒体文案展现给众多用户，增加微博文案的阅读量、浏览量，增加微博账号的粉丝数、链接跳转量，提高新媒体文案的曝光率，扩大新媒体文案的传播范围。

开通了超级粉丝通的微博文案，会由精准广告投放引擎根据社交关系、相关性、热门程度等条件，决定展现位置。其右上角常带有"分享""广告"等文字。图6-25所示为开通超级粉丝通后在微博中查看推广效果。

图6-25　开通超级粉丝通后在微博中查看推广效果

专家指导

　　此外，超级粉丝通还可以用于推广品牌活动、手机销售线索、提高账号影响力、推广App和推广线下门店等。

③ 超级粉丝通的开通

在开通超级粉丝通时，文案人员可选择以企业广告主或个人广告主的身份进行开通，然后填写基本信息、企业或个人信息和网站信息，阅读并同意相关协议和规则，提交到超级粉丝通申请开通。

（3）粉丝头条

粉丝头条是微博的一个推广功能，在使用粉丝头条的24小时内，其参与粉丝头条的微博文案将置顶展示在粉丝关注微博页面。下面对粉丝头条的优势、功能、特点和开通分别进行介绍。

① 粉丝头条的优势

粉丝头条具有以下4个优势。

- 粉丝头条能够打破信息流的时间概念，直接将新媒体文案置顶显示在粉丝的关注列表。
- 粉丝头条支付便捷，是轻量级的推广方式，但其能够达到的效果却十分显著。
- 粉丝头条能够保持商业和用户之间的平衡。
- 粉丝头条是利用微博强大的社交属性达到目标的，能够完成从粉丝资产积累到变现的过程。

② 粉丝头条的功能

粉丝头条拥有以下两个功能。

- 扩大新媒体文案的传播范围，提高曝光率，让更多用户了解文案内容。
- 帮助微博账号快速"涨粉"。

③ 粉丝头条的特点

微博粉丝头条具有以下4个特点。

- 粉丝头条只有发布微博账号的粉丝可见，不会展现给其他用户。
- 在粉丝看过头条信息再次刷新后，该条微博不会继续置顶，会随着正常信息流滚动，不会对粉丝产生干扰。
- 粉丝头条最长时效为24小时，并且在一个自然日内，一个微博账号只能设置一条头条微博。
- 已经发布上线的头条微博无法修改。

④ 粉丝头条的开通

企业或个人要想开通粉丝头条，可以直接打开微博计算机端的"管理中心"页面，选择"营销推广"选项，再次选择"广告中心"选项，打开"微博广告中心"页面，在"广告平台"中选择"粉丝头条"选项，单击 立即使用 > 按钮，在打开的页面中填写相关信息，进行预约。

企业或个人在开通粉丝头条后，其限定的微博文案就会在粉丝当天第一次登录微博时展示在移动端"关注"页面，左上角有"粉丝头条"标识，图6-26所示为移动端粉丝头条；若是计算机端，将展示在计算机端"首页"页面的第一条，并在左上角以"热门"为标识，图6-27所示为计算机端粉丝头条。

（4）DMP平台

DMP平台即微博广告数据管理平台，它能够为企业或个人提供私有人群管理功能，实现上传目标人群、定制私有人群、相似扩展、第三方数据市场等组合定制的人群包。企业或个人可以通过唤醒、追投、复购等策略，实现加深品牌印象或提高投资回报率的目标。

图6-26　移动端粉丝头条　　　　图6-27　计算机端粉丝头条

利用DMP平台进行新媒体文案传播，具有以下4个优势。

- **根据文案定制服务**。企业或个人使用DMP平台对新媒体文案进行传播时，可以根据以往投放新媒体文案的曝光量、互动率和转化率，以及用户使用微博时的行为等，提取相关用户数据，定制适合新媒体文案的具体服务。

- **灵活调整投放人群**。企业或个人在使用DMP平台时，可以根据具体传播目标和效果对投放人群进行灵活调整。

- **寻找潜在目标用户**。DMP平台支持根据已有目标用户群体，对微博用户的行为进行相似扩展，帮助企业或个人找到更多新媒体文案的潜在目标用户。

- **提高传播效果**。DMP平台与著名数据供应商合作，能够实现全领域、全行业覆盖，帮助新媒体文案获得更好的传播效果。

（5）WAX平台

WAX（Weibo AdeXchange）是微博提供给企业或个人的程序化广告交易平台，该平台拥有微博日均亿级的广告流量，能够覆盖大部分的年轻微博用户。WAX平台采用实时竞价的模式，企业或个人可根据新媒体文案传播的实际需求挑选合适的需求方平台（Demand Side Platform，DSP）作为服务方。

此外，WAX平台还能够提供精准的数据，提升新媒体文案的投放效果。

专家指导

DMP平台与WAX平台的开通也需要企业或个人填写个人或公司信息，联系官方微博进行预约咨询。

6.5.3　社群文案传播

社群是线下较为流行的营销模式，文案人员在利用社群进行传播时，应了解社群传播的特点，掌握社群传播的要点，并结合一定的技巧，才能发挥社群的优势，达到良好的营销效果。

1. 社群传播的特点

社群传播具有投入成本低、传播效果好、用户精准度高和裂变式传播的特点，下面分别进行介绍。

（1）投入成本低

利用社群对新媒体文案进行传播，有两种情况，一种是在企业或个人成立的社群中进行传播，这种方法所需的成本往往为社群成立前期的投入。当社群成功运营起来后，文案人员要想发动社群成员提高新媒体文案的阅读量和传播量，可以直接在社群中通过发红包的形式调动社群成员的积极性。

另一种是通过相关社群进行传播。利用这种方法时需注意社群对于广告的明确规定。一些社群可能会对商业性的新媒体文案收取一定的广告费用，而另一些社群则可能不允许发送这些内容。同前一种方法类似的是，要想调动社群成员的积极性，文案人员也可以发红包。

（2）传播效果好

一个好的社群，可以拉近文案人员与社群成员之间的距离，并且社群往往是由拥有相同兴趣爱好或目标的同一类人组成的，因此，把与社群目标相似的新媒体文案分享到社群中，很容易在短时间内引起社群成员的注意，并被社群成员分享到自己的微信朋友圈等网络平台，获得十分不错的传播效果。

（3）用户精准度高

在同一个社群里的用户，往往拥有相同的兴趣爱好。有些企业自己组建的社群可能就是由购买过产品的用户组建而成的，其目标用户群体的精准度相对较高，如此，新媒体文案也可以达到很好的传播效果。

（4）裂变式传播

当一名用户将产品或服务推荐给其他用户后，如果该用户认为被推荐的产品或服务不错，就会继续将其推荐给另外的用户，这种周而复始的传播效应，就是裂变式传播。一个好的社群，可以培养产品或品牌的忠实用户，并将这些忠实用户转化为产品或品牌的宣传人员，实现裂变式传播。

2. 社群传播的要点

在利用社群进行传播前，文案人员应先掌握社群传播的要点，如此才能更精准地进行传播，提升传播效果。下面将从明确传播目的、确定目标用户、进行精准传播和注意事项4个方面进行介绍。

（1）明确传播目的

在利用社群进行传播前，文案人员需要明确新媒体文案传播的目的是什么，如增加粉丝、提高转化率、增加产品的销售量等，根据传播的具体目的，选择合适的社群进行分享。例如，一篇介绍收纳好物的新媒体文案，其传播目的是增加产品的销售量，那么就应该选择以提高生活品质为目的建立的社群；如果是为了增加粉丝数，那么就应该选择以分享生活小技巧为目的建立的社群。

（2）确定目标用户

文案人员应根据新媒体文案的主题，分析目标用户，然后将新媒体文案定位到更准确的社群中。如主题为"宿舍好物分享"，那么就可以在××大学新生群、××大学学生生活群等社群中进行传播，以提高新媒体文案的传播效率。

（3）进行精准传播

在社群中对新媒体文案进行传播时，文案人员应抓住新媒体文案的主题，有针对性地在社群中进行传播，以提高文案的传播效率，避免花费了时间、精力成本却收效甚微。甚至文案人员可以多与有相关经历、认可新媒体文案主题的用户进行交流沟通，带动其他用户参与进来，提高文案的可信度。

例如，对于分享小众礼物的新媒体文案，文案人员可以针对有送礼需求或本身定位较为符合的用户进行传播分享，甚至可以和已购买过其中某产品的用户交流对该产品的看法等，以引起其他用户的注意。图6-28所示为已购买过产品的用户的发言。

图6-28　已购买过产品的用户的发言

（4）注意事项

在社群中传播新媒体文案时，需注意分享新媒体文案的节奏，要留出一定时间给社群成员讨论，但又需注意不能被其他消息覆盖掉，否则就无法达到预期的传播效果。因此，在利用社群传播新媒体文案时，文案人员应保证在线时间，注意投入时间和精力去提高新媒体文案的曝光率。

3. 社群传播的技巧

利用社群对新媒体文案进行传播，可以借助以下两种技巧。

- **以利诱之**。利益可以激发社群成员的积极性，使其活跃起来，查看新媒体文案的具体内容，甚至将新媒体文案分享出去。一般来说，文案人员可以通过发红包、提供奖品、免费咨询等方式，调动社群成员的积极性，提高新媒体文案的传播效率。

- **利用领袖**。领袖的力量是巨大的，因此，在社群中传播新媒体文案时，也可以找到社群的发起人、灵魂人物等，利用其影响力，提高新媒体文案的可信度，增强其传播效果。

6.6　课堂实训

6.6.1　提高品牌及新媒体文案的传播性

假设你和朋友合资开了一家花店，希望所有购买鲜花的用户能够拥有幸福美满的生活，但因经营不善，花店的盈利情况十分不乐观。为改善经营现状，你们决定改变现有花店的名称"浅浅花坊"，并设计一个新媒体文案，用于花店的宣传。此外，你和朋友分别开通了微信公众号和微博，用于宣传花店，吸引用户的注意，改善花店的经营情况。图6-29所示为你编辑好的微信公众号文案，现需你提高其传播性，以增加文案的阅读量，提高新媒体文案的转化率。

图6-29　你编辑好的微信公众号文案

1. 实训要求

（1）结合花店的开店理念，为花店更名。

（2）设计用于宣传的新媒体文案。

（3）提高微信公众号文案的传播性。

2. 实训步骤

根据实训要求，本例将对花店的名称进行修改，并设计一个用于宣传的新媒体文案，再对微信公众号文案进行优化，以达到宣传花店、吸引用户的注意、改善花店经营情况、增加文案阅读量、提高新媒体文案转化率的目的，具体步骤如下。

（1）为花店更名。在为花店更名时，需结合花店的开店理念，从传播性的角度出发，根据传播性文案的特点，结合符号化、价值化或附着力方面的因素，使花店的名称更容易被用户记忆，提高花店的知名度。例如，花店理念为"希望购买鲜花的用户能够拥有幸福美满的生活"，结合符号化的特点，将开店理念融入名称，可取名为"合欢花坊"。

（2）设计用于宣传的新媒体文案。设计用于宣传的新媒体文案，应从新媒体文案的传播角度考虑，吸引用户的注意，加深用户对花店的印象，使用户更愿意选择在该花店消费。例如，结合花店名称、开店理念，选择口语化的传播技巧，为花店设计新媒体文案，其新媒体文案可以是"家合欢，人合欢，买花就要选合欢！"

（3）提高新媒体文案的传播性。在提高新媒体文案传播性前，需要先分析该新媒体文案存在的优势与缺陷，结合提高新媒体文案传播性的方法，对微信公众号文案进行优化。例如，该文案的优势在于明确了目标用户，明确了课程的收获、优势等，不足之处在于吸引力不足等。文案人员可通过改变对话方式的方法，对其进行优化，如开头可改为"你喜欢插花吗？你想自己制作花束吗？你有开花店的愿望吗？"

6.6.2　利用微博传播新媒体文案

假设你是花店的另一位合伙人，负责微博的运营，现根据同一主题的新媒体文案，你需要在微博上进行传播，以扩大新媒体文案的传播范围，吸引更多用户报名参加花艺课程。

1. 实训要求

（1）选择合适的传播技巧，发布新媒体文案。

（2）结合课程特点，进行付费传播。

2. 实训步骤

根据实训要求，本例将利用微博平台对新媒体文案进行传播，以达到扩大文案传播范围、吸引更多用户报名参加花艺课程的目的，具体步骤如下。

（1）选择合适的传播技巧，发布新媒体文案。可结合新媒体文案的主题、目的等，选择合适的方法，发布新媒体文案。例如，如果运用动宾结构发布新媒体文案，那么就可以在新媒体文案前添加标题，如《学花艺，选××》。

（2）结合课程特点，进行付费传播。要进行付费传播，就需要先分析该课程的特点，结合本章所讲知识以及花店的实际情况，选择合适的付费传播方式。例如，该花艺课程的特点为线下教学、包花材等，在选择付费传播方式时，就需针对线下教学这个特点，结合花店可能预算有限的实际情况，选择用户精准度高且传播效率好的超级粉丝通，并根据实际需求开通该服务。

6.7　课后练习

1. 阅读如下所示的新媒体文案，结合相关传播技巧，提高其传播性。

提示：可利用唤醒用户痛点、口语化、利用陈述句和运用动宾结构等技巧。

婚纱照

一生拍一次，一次美一生。

2020年（新）价目表奉上。

2. 扫描右侧二维码，查看新媒体文案《假期嗨够了吗？》，假设你是该新媒体文案的文案人员，请你为该新媒体文案设计一个传播方案。

提示：可结合恰当的技巧或方法，利用不同的新媒体平台进行传播。

扫一扫

《假期嗨够了吗？》

第7章 新媒体文案创作与传播的行业案例

学习目标

随着新媒体技术的兴起，各大行业纷纷搭上了新媒体这班列车，通过多样化的形式对自身进行推广、宣传，吸引用户的注意，达到营销目的。本章将对银行行业、家居行业、运动行业和汽车行业中的新媒体文案进行展示，并从创作与传播的角度进行分析，帮助读者更好、更快地掌握新媒体文案的实际运用方法。

知识结构图

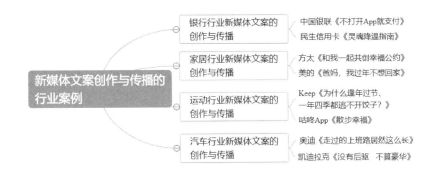

新媒体文案创作与传播的行业案例

- 银行行业新媒体文案的创作与传播
  - 中国银联《不打开App就支付》
  - 民生信用卡《灵魂降温指南》
- 家居行业新媒体文案的创作与传播
  - 方太《和我一起共创幸福公约》
  - 美的《爸妈，我过年不想回家》
- 运动行业新媒体文案的创作与传播
  - Keep《为什么逢年过节、一年四季都逃不开饺子？》
  - 咕咚App《散步幸福》
- 汽车行业新媒体文案的创作与传播
  - 奥迪《走过的上班路居然这么长》
  - 凯迪拉克《没有后驱 不算豪华》

7.1 银行行业新媒体文案的创作与传播

随着新媒体技术的兴起，银行行业要想吸引用户的注意，提高市场比重，就需要利用新媒体文案，促进用户了解、使用其金融产品，达到既定的营销目的。下面以中国银联和民生信用卡的新媒体文案为例进行分析。

课堂讨论

（1）请简述你认为银行行业的新媒体文案有哪些特点。

（2）假如让你为某银行写作一篇新媒体文案，你会从哪些方面寻找切入点?

7.1.1 中国银联《不打开App就支付》

新媒体文案《不打开App就支付》是中国银联为推广银联手机闪付Huawei Pay（以下简称"手机闪付"）而创作的，这种"不打开App就支付"的方式是对当下手机支付烦琐流程的简化。文案抓住了"不打开"，向用户介绍了"银联手机闪付"，塑造了良好的品牌形象，加深了用户对中国银联的印象。下面分别从文案展示、文案创作分析和文案传播分析的角度对其进行讲解。

1. 文案展示

新媒体文案《不打开App就支付》为系列文案，包括视频式文案和图片式文案，下面分别进行展示。

（1）视频式文案

该新媒体文案包括3条视频式文案，下面分别进行介绍。

① 第1条视频式文案

第1条视频式文案充分展示了天马行空的想象：不打开灯照亮黑夜、不打开门出入自由、不打开天窗看到星空等，提出"用不打开的方式，打开新世界"，引出新媒体文案的主题"不打开App就支付"。图7-1所示为《不打开App就支付》第1条视频式文案的截图。

图7-1 《不打开App就支付》第1条视频式文案的截图

其文字内容如下所示。

不打开灯，能否照亮夜晚。

不打开门，想要出入自由。

不打开天窗，能不能看到星空。

不打开衣柜，换一身新的装扮。

不打开气瓶，一头扎入海里。

不打开降落伞，照样安全着陆。

不打开太空舱，踏上另一颗星球。

打开是一种习以为常，

不打开才有改变寻常的力量。

用不打开的方式，打开新世界。

② 第2条视频式文案

第2条视频式文案承接第1条视频式文案，以想象引入，展示不打开包装吃泡面、不打开车门上车、不打开壳吃小龙虾和不打开闸机进地铁站4个想象场景，接着通过对应的现实场景进行对比，告诉用户这些"不打开"是不可能的，但"不打开App就支付"是真的可行，通过向用户展示手机闪付可以使用的场景，加深用户对"不打开App就支付"的印象，图7-2所示为《不打开App就支付》第2条视频式文案截图。

图7-2 《不打开App就支付》第2条视频式文案截图

其文字内容如下所示：

不打开包装就能吃泡面？

想都别想。

不打开App就支付？

真的就行。

不打开车门就能上车？

想都别想。

不打开App就支付？

真的就行。

不打开壳就想吃小龙虾？

想都别想。

不打开App就支付？

真的就行。

不打开闸机就想进站？

想都别想。

不打开App就支付？

真的就行。

③ 第3条视频式文案

第3条视频式文案则从"不打开"的反面"打开"讲起，讲述了打开瓶盖、打开榴莲壳、下一字马和拉开裤子拉链等时可能遇到的困难，告诉用户"打开很麻烦 不打开才更好"，并通过购买水、水果、瑜伽课程和裤子等，展示手机闪付可以使用的场景，再次深化用户对"不打开App就支付"的印象。图7-3所示为《不打开App就支付》第3条视频式文案截图。

图7-3 《不打开App就支付》第3条视频式文案截图

新媒体文案《不打开App就支付》的视频式文案，分别在每个情景结尾重复展示了"银联手机闪付 不打开App就支付"，图7-4所示为《不打开App就支付》视频式文案宣传图片，不断增强用户对手机闪付的印象，提高新媒体文案的传播性。

图7-4 《不打开App就支付》视频式文案宣传图片

（2）图片式文案

该系列新媒体文案包括3个小系列的图片式文案，下面分别进行介绍。

① 第1个小系列的图片式文案

第1个小系列的图片式文案，选择文字作为文案主体，采用纯色直线将使用手机闪付的理由，以及宣传语"银联手机闪付 不打开App就支付"分割开来，告诉用户为什么要选择手机闪付，并且不断加深用户对"不打开App就支付"的印象，《不打开App就支付》第1个小系列的图片式文案如图7-5（a）和图7-5（b）所示。

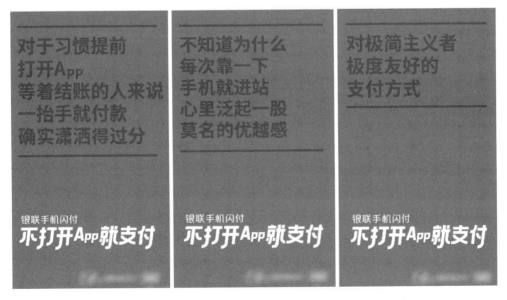

图7-5（a）《不打开App就支付》第1个小系列的图片式文案

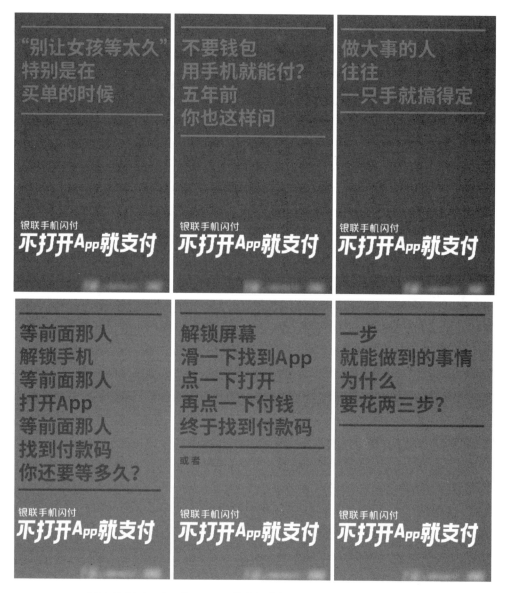

图7-5（b） 《不打开App就支付》第1个小系列的图片式文案

② 第2个小系列的图片式文案

第2个小系列的图片式文案，通过4位"路人"看到"不打开App就支付"时的惊讶表情，展示了使用手机闪付可以给"路人"带来冲击，使用户获得"优越感"，同时用文字点明"不打开App就支付"的不同使用场景。图7-6所示为《不打开App就支付》第2个小系列的图片式文案。

图7-6 《不打开App就支付》第2个小系列的图片式文案

③ 第3个小系列的图片式文案

第3个小系列的图片式文案，使用3D、剪纸、二维动画、几何等形式，将不同场景的代表性元素组合成了"不打开App就支付"的文字，该系列文案着重展示了手机闪付的"不打开App就支付"。图7-7（a）和图7-7（b）所示为《不打开App就支付》第3个小系列的图片式文案，图7-8所示为逛超市场景下"不打开App就支付"的细节图。

图7-7（a） 《不打开App就支付》第3个小系列的图片式文案

图7-7（b） 《不打开App就支付》第3个小系列的图片式文案

图7-8 逛超市场景下"不打开App就支付"的细节图

2. 文案创作分析

新媒体文案《不打开App就支付》为系列文案，下面分别对其视频式文案和图片式文案的创作进行分析。

（1）视频式文案

新媒体文案《不打开App就支付》的视频式文案，以宣传银联手机闪付能够做到"不打开App就支付"为目的，通过对"不打开"的想象，阐述"打开"和"不打开"的不同，引出文案主题；再通过对想象的扩展，以及对现实生活中"打开"可能面临困境的描绘，逐步加深用户对"不打开App就支付"的印象，提高中国银联的影响力。

① 第1条视频式文案

第1条视频式文案通过对人们关于"不打开"的普遍认知提出质疑，如"不打开灯，能否照亮黑暗""不打开门，能否出入自由"等，向用户传达了新的观念"用不打开的方式，打开新世界"，引出新的支付方式"不打开App就支付"。

图7-9所示为房间的天窗和悬挂的长裙截图，该视频以黑暗中亮起的灯光开头，通过直观的画面，缓缓地将视频画面由暗转亮，并逐渐改变视频的基调，在音乐方面由较为舒缓的节奏和音乐开头，然后以烟花的绽放作为转折，变为更紧凑的节奏和欢快的音乐，再通过打开窗帘的画面，引出"打开"，图7-10所示为烟花绽放和打开窗帘截图，通过没有气瓶跳水、不打开降落伞跳伞、穿着防护服在其他星球表面漫步、太阳升起等情景，告诉用户"现在应该是另一个时代的来临"，进而告诉用户新支付方式来临了，即"不打开App就支付"。

图7-9　房间的天窗和悬挂的长裙截图

图7-10　烟花绽放和打开窗帘截图

该视频式文案从思维意识的角度，讨论了日常生活中的"不打开"，引发用户对"不打开"的思考，向用户输出主题"不打开App就支付"，使用户能够对产品产生印象，为后续的系列文案发布奠定了基础。

该视频式文案在文字内容方面则使用了直接开头的方法，直截了当地提出"不打开"，而不打开就照亮黑暗却又是一种违背常理的情况，容易抓住用户的好奇心理，引导用户继续阅读，然后以递进式的正文结构，一步步引起、加深用户的好奇心，再告诉用户打开与不打开的区别，引出视频式文案的主题，加深用户的印象。

② 第2条视频式文案

第2条视频式文案承接第1条视频式文案，通过想象，通过4个不同的想象场景以及实际场景的对比，对"不打开App就支付"这个支付理念进行了延展，帮助用户理解"不打开App就支付"的概念，了解其使用方式、场景，加深用户的印象，使用户在相似的场景下，更容易联想到手机闪付。

该视频式文案通过4个场景，将想象中不打开的畅快和实际上必须要打开的无奈进行对比，引出新媒体文案的主题"不打开App就支付"。其以天马行空的想象情节——隔空吸取包装里的泡面并享用引入，图7-11所示为不打开包装享用泡面，并提出疑问，进行画面回放，展示真实情况——即使贴到包装盒上也无法吸取泡面，还会引来其他人奇怪的目光，然后镜头切换，转为手机解锁页面，验证指纹后页面中直接显示支付码，图7-12所示为验证指纹后直接显示支付码，最后完成支付，展示宣传主题，加深用户对"不打开App就支付"的印象。其后续情节"不打开车门上车""不打开壳吃小龙虾""不打开闸机进地铁站"也采用了同样的方式进行讲述，不断重复"银联手机闪付 不打开App就支付"这个主题。

图7-11　不打开包装享用泡面　　　　图7-12　验证指纹后直接显示支付码

该视频式文案同样采用了直接开头的方式，以现实生活中根本不可能达成的"不打开包装就能吃泡面"，引发用户的好奇，然后画面回放，以尴尬的情况"超市里的人都用异样的眼光看着男子喂泡面盒"，告诉用户"想都别想"，但在支付时可以真的不打开App就完成支付，进而引出新媒体文案主题。整个视频式文案采用了并列式的结构，分别讲述了不同情况下的"想都别想"，不断加深用户对"不打开App就支付"的印象。

③ 第3条视频式文案

第3条视频式文案通过描述不同角色想要打开某物而遇到的麻烦、尴尬情况，从反面告诉用户不打开真的很方便、实用，并引出主题"不打开App就支付"，再次加深用户的印象，强调手机闪付的功能。

图7-13所示为拧不开瓶盖的视频截图，该视频式文案以一位身材娇小的女性在健身房拧水杯开头，通过强壮的男性用尽全力也没能拧开瓶盖的情景，引出新媒体文案的主要内容"打开很麻烦 不打开才更好"，总结上述情节，并顺势引出后续情节——直接使用手机闪付，不用打开App也能够买到水，并展示宣传图片，加深用户对新媒体文案的印象。图7-14所示为验证指纹后直接显示支付码的视频截图。接下来，视频分别展示了打不开榴莲壳、一字马下不去和上厕所裤子拉链拉不开等情况，利用文字内容"打开很麻烦 不打开才更好"，承上启下，引出不打开App也可以购买水果、预订瑜伽课和买裤子等，展示银联手机闪付的不打开付款，利用趣味性的故事，再次深化了用户对于文案主题的印象。

图7-13　拧不开瓶盖的视频截图　　　图7-14　验证指纹后直接显示支付码
　　　　　　　　　　　　　　　　　　　　　　　　的视频截图

第3条视频式文案与第2条视频式文案有异曲同工之妙，均采用了直接开头和并列式结构。不同之处在于，第3条视频式文案的每一个故事都相对完整，直接借用了用户在日常生活中可能遇到的"打不开"情景，更能引起用户的共鸣，使用户在再次遇到相同情况时，更容易联想到该新媒体文案，增加用户使用手机闪付的可能性。

④ 视频式文案的总体分析

中国银联这3条视频式文案，从整体上来看，均在描述同一个主题，并且，第1个像总起段落，简明扼要地说出了新媒体文案的主题，第2个和第3个则为论点，而每个论点又分为4个分论点，对不打开的实际情况进行展示，并不断深化文案主题"不打开App就支付"，加深用户对主题的印象。

第1条视频式文案着重意境的打造，通过从思维意识上提出"不打开"，吸引用户进行思考，提出概念"不打开App就支付"，注重引发用户思考。第2条视频式文案着重通过对比，展示"不打开App就支付"的潇洒；注重以幽默的表达方式，引出新媒体文案的主题，向用户传达手机闪付的实际应用方式。第3条视频式文案则通过打开的麻烦，引出不打开的便捷；注重以写实的方式，唤醒用户对相关场景的记忆，加深用户对"不打开App就支付"的认识。

（2）图片式文案

新媒体文案《不打开App就支付》包括3个小系列的图片式文案，分别从使用手机闪付的理由、给其他人带来的冲击性和使用场景3个方面，对"不打开App就支付"进行介绍，吸引更多用户使用手机闪付。

① 第1个小系列的图片式文案

第1个小系列的图片式文案，抓住用户对"不打开App就支付"的好奇，以3种不同的纯色作为底色，分别展示了"不打开App就支付"适合的用户人群，包括习惯提前结账的用户、具有表现欲的用户、极简主义的用户；这种方法的优势，包括快速、不要钱包、方便；操作的便捷性，包括无须等待、直接支付、一步到位，提高用户对"不打开App就支付"的好感度，促使用户在进行支付时选择该种支付方式。

该图片式文案，从整体上来看，使用了并列式的写作结构，从不同角度向用户介绍"不打开App就支付"，用语精练、简单，结构统一。

② 第2个小系列的图片式文案

第2个小系列的图片式文案，发布于视频式文案完全发布后的第2天，抓住用户对"不打开App就支付"的使用场景的好奇，通过文字内容进行展示。该小系列的图片式文案，结合了文字、人物形象和手机支付页面的图片，采用上文下图的构图方式，将支付页面图片居中展示、人物形象对称展示，通过肢体语言和面部语言，表达了"路人"对"不打开App就支付"能够用于逛超市、坐地铁、乘公交车和逛商场的惊讶。

此外，其文字内容还采用了大小对比和粗细对比的排版方式，突出新媒体文案的主题"不打开App就支付"，并向用户介绍了其使用场景，以及能够给周围人带来的冲击，提高用户使用手机闪付的概率。

③ 第3个小系列的图片式文案

第3个小系列的图片式文案，使用了3D、剪纸、复古、未来、二维动画、几何等不同表现形式，利用不同的场景，如餐厅、超市收银、用户等地铁等场景，组合成了"不打开App就支付"的文字。该小系列的图片式文案采用了居中对齐、大小对比和粗细对比的排版方式，着重强调"不打开App就支付"的主题，当用户放大图片时，组成文字的场景又能够给用户惊喜，使用户明确手机闪付的使用场景，加深用户对新媒体文案的印象，提高手机闪付的使用率。

3. 文案传播分析

新媒体文案《不打开App就支付》是由视频式文案和图片式文案组成的系列文案，在对其进行传播分析时，可分别从表现方式、传播技巧、传播渠道和传播方式4个方面进行。

（1）表现方式

该视频式文案以视觉符号和听觉符号作为传播的主要形式，视觉符号更容易展示相关情景，帮助用户理解文案内涵；听觉符号更容易引起用户的注意，给用户留下潜在印象；这种视听结合的方式，有助于用户记忆视频内容，更容易加强文案主题与相关情景之间的联系，使用户在日常生活中更容易想起"不打开App就支付"。例如，第2个视频式文案中包含了吸取泡面、追赶公交车等听觉符号，用户听到吸取泡面的声音时，就会很容易联想到"不打开包装就能吃泡面？"的发问，自然联想到中国银联的新媒体文案。

图片式文案则以视觉符号作为传播的主要形式，以文字作为传播主体，联合人物形象、支付页面和不同风格的场景图，加深用户对"不打开App就支付"的印象，使用户在看到相关元素时，如吃惊的人、支付页面等，更容易产生联想。

（2）传播技巧

该新媒体文案聚焦于人们日常生活，抓住用户对不打开的期望、"打开"的尴尬，以及用户的优越心理，通过视频和图片两种不同的表现方式，提高了新媒体文案的传播性。不论是视频式文案还是图片式文案，都使用了口语化的表述，降低了用户理解、记忆的难度，其用语朗朗上口，并通过不断重复"银联手机闪付 不打开App就支付"这个核心语句，使文案主题深入人心。

此外，该新媒体文案还结合不同的场景，将场景与主题联系在一起，加深用户的印象，使用户在处于同一场景时，更容易回忆起文案主题，甚至将"不打开App就支付"脱口而出，提高银联手机闪付的影响力。

（3）传播渠道

在线上，中国银联选择了以微博作为主要平台，联合了中国银联旗下官方微博与华为旗下官方微博，共同进行传播。中国银联将这些新媒体文案的主题、主要内容总结出来，引起用户的好奇，使用户查看文案具体内容，为新媒体文案带来更多浏览量。

在线下，中国银联将第2个小系列的图片式文案投放到公交站台、地铁站等不同位置，通过惊讶的表情和"不打开App就支付"的大号文字内容，吸引用户的注意力，用口语化的表达，将手机闪付带给用户的直接体验表达出来。并且这些投放位置，正好是手机闪付的使用场景之一，用户可以直接通过乘坐公交车、地铁，验证手机闪付的实用性。

此外，中国银联还在地铁站投放了两组表情包式文案，将用户关于花钱的冲动展现出来，直戳用户内心。图7-15所示的线下表情包式文案，引起了广大用户的共鸣，促使用户将文案拍照分享给好友，扩大了该文案的传播范围，与线上发布的新媒体文案相呼应。图7-16所示的线下表情包式文案则通过将不同手机品牌配件之间的不兼容性与这些手机都能用手机闪付进行对比，突出手机闪付的特点，使用户更愿意接受手机闪付。

图7-15　线下表情包式文案1

图7-16　线下表情包式文案2

（4）传播方式

德国心理学家艾宾浩斯研究发现，遗忘发生在学习之后，并且进程并不均匀，最初的遗忘速度较快，越往后则越缓慢，其根据实验结果绘制的遗忘进程曲线被称为艾宾浩斯记忆遗忘曲线。根据该曲线，艾宾浩斯提出应遵循5分钟、30分钟、12个小时、

1天、2天、4天、7天和15天的记忆周期。中国银联选择了分别间隔4天、2天、1天和2天发布新媒体文案，既能够防止用户完全遗忘上一个新媒体文案，又留有一定时间给已发布的新媒体文案形成一定范围的影响，前后联合，能够达到更好的传播效果。

7.1.2　民生信用卡《灵魂降温指南》

中国银联开启了"不打开"的大门，以图片和视频的形式为用户介绍了"不打开"的便利，而民生信用卡则蓄力"民生消费美学"——民生信用卡针对用户不同的消费行为而提供的"正当消费理由"，向用户阐述炎炎夏日"喝热水""跳舞""吃火锅""瑜伽"的原因，发布了新媒体文案《灵魂降温指南》，以促进民生信用卡的使用率，提高其影响力。下面分别从文案展示、文案创作分析和文案传播分析的角度对其进行讲解。

1. 文案展示

新媒体文案《灵魂降温指南》是民生信用卡"民生消费美学"系列文案中的一部分，其采用了图片的表现形式，从多喝热水背后深沉的爱意、跳舞帮助解压、通过吃火锅平复情绪和做瑜伽达到柔软但有力4个方面，介绍夏日可以如何通过灵魂降温，促使用户进行消费，从而提高民生信用卡的使用率。图7-17（a）和图7-17（b）所示为《灵魂降温指南》新媒体文案展示。

图7-17（a）　《灵魂降温指南》新媒体文案展示

图7-17（b） 《灵魂降温指南》新媒体文案展示

2. 文案创作分析

新媒体文案《灵魂降温指南》的创作分析可分为文字内容分析和构图方式分析两个部分。

（1）文字内容分析

《灵魂降温指南》发布于天气炎热的时候，民生信用卡以"夏天也要多喝热水，因为夏天我也会爱你。"的文字内容与"42℃多喝热水"的图片组成了完整的新媒体文案，并通过"我想说的'多喝热水'不是话题的终结，只是'我爱你'的序"，向用户传达了"民生信用卡　信任长在"的理念。

"37.5℃迪斯科球"讲述了跳舞可以帮助用户融化"所有静止的、沉重的尴尬"，吸引用户申办民生信用卡，并在日常生活中进行使用。

民生信用卡以"如何在40℃的夏天成为一个cool guy"吸引用户的注意力，引起用户的好奇心，促使用户查看"100℃红油火锅"的具体内容，然后通过"有什么不开心的事，烫一烫，就冷静了"吸引用户去火锅店进行消费，提高民生信用卡的使用率。

"38℃高温瑜伽"以"夏天其实很冷"开头，能够快速引起用户的好奇，使用户带着"夏天明明很热，怎么可能冷？"的疑问继续阅读，再通过"结冰""冷气氛""冻伤"等词，加深用户的疑惑，引出主题——"瑜伽"，告诉用户真相"全神贯注的瑜伽是一场冰与火的修行"，但这种修行可以使用户"变得柔软且有力"，促使用户静下心来运动。

新媒体文案《灵魂降温指南》，将文案主题与用户日常生活中常见的情景结合起来，加深了用户对文案的印象，使用户再次面对这些情景时，能够很容易与民生信用卡联系起来，进而提高民生信用卡的使用率。

（2）构图方式分析

新媒体文案《灵魂降温指南》采用了上图下文的构图方式，其中，上图部分右侧，还以"数字+文字"的形式，将图片主题展示出来，使文字内容与图片相互呼应，引起用户兴趣，吸引用户阅读下文部分。文案下文部分则由图标和文字两种要素构成，采用了竖向排版和居中对齐的排版方式，对图片主题进行展开，加深了用户对文案的印象，提高了民生信用卡的影响力。

该图片式文案上图部分的图片与文字，与下文部分的文字内容以及文字内容中的图标相互呼应，对图片主题进行延展，告诉用户为什么要多喝热水、跳舞、吃火锅和做瑜伽，数字则与下文部分文字开头的温度计图标相对应，直观地展示了温度高低，能够帮助用户更好地理解图片主题，加深用户的印象。

例如，42℃多喝热水的图为手持的冒着热气的水杯，图标为俯视视角的水杯，文字则描述了"多喝热水"这个日常生活中常用的"万能语句"，背后还包含着的含义；37.5℃迪斯科球的图为灯光下拥挤着跳舞的人群，图标为放音乐的唱片机，文字描述了人们在舞池里常会产生的心理，并呼吁用户"不要停止跳舞"；100℃红油火锅的图为正在用来涮毛肚的、飘满辣椒的火锅，图标为红彤彤的火锅俯视图，文字则描述了如何做一个"cool guy"，告诉用户"有什么不开心的事，烫一烫，就冷静了。"；38℃高温瑜伽的图为面朝夕阳做瑜伽的照片，图标为瑜伽垫，文字则描述了夏天做瑜伽的情景，以及夏天做瑜伽带来的好处。

3. 文案传播分析

在进行文案传播分析时，可从表现方式、传播技巧和传播平台3个方面进行。

（1）表现方式

新媒体文案《灵魂降温指南》以视觉符号作为主要的表现方式，通过图片和图标，让用户对文案内容产生视觉联想，更容易与用户产生情感共鸣；其下文部分的文字颜色和底色，则选择和上图部分同一色系的颜色，能够优化用户的视觉体验，提高用户对文案内容的接受度，扩大传播范围。

（2）传播技巧

该新媒体文案抓住了用户对于夏日消费、降温的需求，通过对多喝热水、跳舞、吃火锅和做瑜伽等消费行为的文字描述，帮助用户为自己的消费行为找到恰当的理由，让用户静下心来，享受生活；多喝热水是我爱你的序章，藏着深切的关心；跳舞可以融化生活中的不顺利；吃火锅可以"烫"去不开心的事，使人冷静下来；做瑜伽可以舒缓心情，使人变得柔软但有力，能够更好地面对生活中的不如意。

该新媒体文案中，多喝热水在文字中被多次提起，在关心的话语、补充背后深意和总结3个部分，前后呼应，加强了文案的逻辑性；跳舞、吃火锅和做瑜伽的文字内容则以陈述句进行结尾，点明了图片的主题，能够加强其可信度，使用户更愿意接受民生信用卡的消费美学，提高了新媒体文案的传播性。

（3）传播平台

该新媒体文案于2019年5月底陆续发布在微博上，民生信用卡通过陈述句、化用名言等方法，吸引用户查看新媒体文案，提高用户在日常生活中对民生信用卡的使用率。图7-18所示为民生信用卡微博文案。

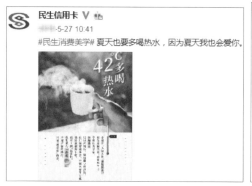

图7-18　民生信用卡微博文案

等到7月，民生信用卡提出"如何在超过40℃进入炙烤模式的夏天，成为一个冰爽清凉的cool guy"，再次将《灵魂降温指南》呈现给用户，从降温出发，吸引用户的注意力，再通过吃火锅、喝热水、跳舞和做瑜伽，加深用户的印象，达到营销目的，图7-19所示为民生信用卡微博文案。

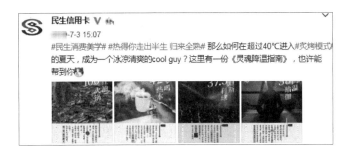

图7-19　民生信用卡微博文案

　　假设你是银行行业的文案人员，现银行新发行了某动画作品的联名借记卡，请你为其撰写新媒体文案，并设计传播方案。

7.2　家居行业新媒体文案的创作与传播

　　家居行业虽然是与人们日常生活息息相关的行业，但由于行业内企业数量繁多，家居企业要想打响品牌知名度，在该行业内占据一席之地并不容易。而新媒体的发展，则给予了家居企业更多的营销可能，越来越多的家居企业通过新媒体平台，在家居行业站稳了脚跟。本节将对家居行业中的厨电企业方太和电器企业美的的新媒体文案进行分析，帮助读者了解家居行业的新媒体文案的创作与传播。

　　（1）你注意过家居行业的新媒体文案吗，该行业的文案有什么特点？
　　（2）你印象较深刻的家居行业新媒体文案有哪些？

7.2.1　方太《和我一起共创幸福公约》

　　我国留守老人和空巢老人的数量并不少，为了创造幸福、和谐的社会，呼吁人们关注留守、空巢老人，方太在2019年7月，发布了H5文案《和我一起共创幸福公约》，用于宣传"隔壁的家人公约"活动，该H5文案以视频和文字形式为主，邀请用户制作邻里之间互帮互助的倡议书，改善邻里关系。通过该新媒体文案，方太也为其

2019年"幸福共比邻"发布会进行了提前预热，加深了用户对方太致力于提升用户家庭幸福感的印象，提升了方太的品牌形象，提高了其影响力。下面将分别从文案展示、文案创作分析和文案传播分析的角度对该新媒体文案进行讲解。

1. 文案展示

新媒体文案《和我一起共创幸福公约》为H5文案，由视频和文字组成，视频从用户身在他乡无法照顾家中父母的角度引入，提出和谐邻里、共建幸福公约的请求，文字内容则对视频进行了高度概括，并发出共创《幸福公约》的邀请，当用户单击"书写幸福公约"后，则将幸福公约的模板展示出来，由用户自由选择或填写，完善幸福公约，图7-20所示为《和我一起共创幸福公约》新媒体文案节选。

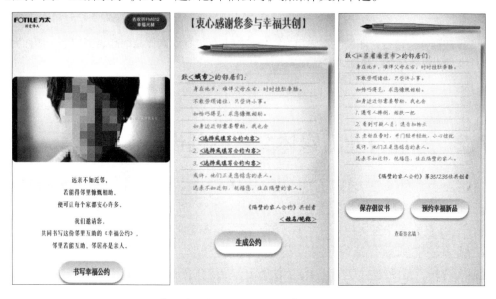

图7-20 《和我一起共创幸福公约》新媒体文案节选

下面将分别从正文叙述文案和视频展示两个方面进行介绍。

（1）正文叙述文案

该新媒体文案的正文叙述文案如下所示：

远亲不如近邻，　　　　　　　　　　我们邀请您，

若能得邻里慷慨相助，　　　　　　　共同书写这份邻里互助的《幸福公约》，

便可让每个家都安心许多，　　　　　邻里若能互助，邻居亦是亲人。

（2）视频展示

该新媒体文案的视频，聚焦于无人照顾的老年群体，从身在他乡的用户的角度出发，提出了邻里相助的请求，并做出承诺，当身边有老人需要帮助时必出手效劳，希望创造和谐的邻里关系，让大家成为住在隔壁的家人，图7-21所示为视频截图。

 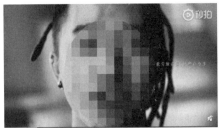

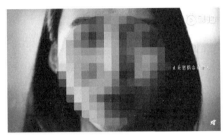 

图7-21 视频截图

H5文案《和我一起共创幸福公约》的视频引导文案如下。

致老家的邻居：

身在他乡，

难伴父母左右，

时时挂肚牵肠。

不敢劳烦诸位，只些许小事，

如恰巧得见，求您慷慨相助。

父母步履迟缓，

如您在小区开车，

求您开慢点，等一等。

父母搬提重物，恐损伤腰臂，

求您搭把手，送进电梯就好。

雨雪湿滑，

若见我父母不慎摔倒，

求您扶一把，不论因果。

我身边近邻，如需相助，

也必出手效劳，

或许，他们正是您惦记的亲人。

远亲不如近邻，

祝福您，住在隔壁的家人。

您的邻居：顿首！

2. 文案创作分析

对H5文案《和我一起共创幸福公约》可从整体内容分析和版面分析两个方面进行创作分析。

（1）整体内容分析

方太聚焦父母不在身边的用户群体，抓住该群体对父母日常生活中可能遇到困境的担忧，创作了新媒体文案。该文案标题直接展示了该H5文案的主题，通过主题吸引用户，以《幸福公约》引起用户好奇，促使其查看文案内容。

该新媒体文案无论视频还是正文，都围绕着H5文案主题进行展开，视频从主角的自身出发，讲述了自己外出工作无法回家的无奈、对年迈父母的担忧，向用户提出创建和谐邻里关系的请求，并做出自己的承诺——和邻居成为"住在隔壁的亲人"；正文则直接提出《幸福公约》的目标——"让每个家都安心许多"，邀请用户共同书写《幸福公约》。用户在生成自己的《幸福公约》后，可以对其进行保存，还可单击"预约幸福新品"，获得方太提供的新品特权，图7-22所示为"预约幸福新品"页面。

（2）版面分析

该新媒体文案页面较为简单，邀请页面选择了上图下文的排版方式，将视频置于用户的视线焦点，能够快速吸引用户的注意力，下文部分则采用了居中排版的方式，分为两段内容，前一段对视频文案进行了总结，后一段则直接发出邀请，并对文案主题进行深化。公约填写页面以文字内容为主，其页面顶部采用大号的文字，对参与幸福共创的用户表示感谢，其下放置钢笔，并将公约主体以信件的格式展示在信纸上，营造了一种正式、认真、严肃的氛围，促使用户认真对待该公约。

整个H5文案采用了与方太品牌色同色系的黑色、白色、灰色作为主色，以深红色突出显示音频频道、公约重点内容和步骤按钮，给人一种庄重、严肃的感觉，并突出文案内容的温馨感。此外，方太还将其品牌Logo置于页面左上角，将音频频道置于页面右上角，在保存《幸福公约》后，还提供了音频频道的二维码。图7-23所示为"保存倡议书"页面，以吸引用户讲述或收听关于幸福邻里关系的故事，加深用户对方太的印象，使方太"因爱伟大"的理念深入人心。

图7-22 "预约幸福新品"页面

图7-23 "保存倡议书"页面

3. 文案传播分析

下面从表现方式、传播技巧、传播平台和综合分析4个方面对新媒体文案《和我一起共创幸福公约》进行分析。

（1）表现方式

该新媒体文案使用了视觉符号和听觉符号，通过视频图像和主角们的声音，使用户能够更直观地感受主角们的真诚，更容易引起用户的共鸣，促使用户参与进来，共同创建《幸福公约》。

（2）传播技巧

该新媒体文案通过描述身在他乡、身不由己的无力感，唤醒用户对于工作和父母无法兼顾的痛点，从用户的角度出发，恳求"邻居"能够在父母遇到困难时，尽力帮扶一下，并且承诺自己也会在力所能及的情况下帮助邻居，以情动人，调动用户参与共建《幸福公约》的积极性，促使用户将《幸福公约》分享出去，扩大传播范围。

（3）传播平台

方太借助了微博、微信、音频平台等，吸引不同平台的用户参与进来，唤醒用户对于邻居的记忆，提高《幸福公约》的传播性。

在该新媒体文案发布前，方太先在微博上发布了文案《守望相助 让邻里关系不再冷漠》，从现代社会邻里之间"相见不相识"的现状谈起，促进用户对现代邻里关系进行思考，再通过讲述一位母亲在女儿社区积累下良好人缘的故事，引出和谐邻里关系的主题，发出从我做起的呼吁，为该新媒体文案的发布奠定基础。

紧接着第二天，方太在微信公众号上发布《这封写给邻居的信里，藏着2.4亿人的心声》，通过直接提问的方式，勾起用户对远方至亲的担忧，并以视频内容，讲出用户的担忧，然后选择了3位主角，讲述主角或其父母与邻居间的故事，引出"亲厚温暖的邻里情"，发出共建《幸福公约》和分享邻里故事的邀请。

同时，方太还在官方微博上发布了抽奖活动，吸引用户收听音频，图7-24所示为音频抽奖活动。视频《致老家的邻居》也随之被发布在微博平台，引起了用户对远方亲人的思念与对邻里关系的讨论，为新媒体文案《和我一起共创幸福公约》的发布奠定了基础。

后来，方太发布加入《隔壁的家人公约》，并再次发起抽奖活动，邀请用户创作"幸福宣言"，"幸福宣言"抽奖活动如图7-25所示，H5文案《和我一起共创幸福公约》也随之正式上线。为提高此次活动的影响力，方太还邀请了名人、大V（拥有众多粉丝的微博用户）、媒体关键意见领袖（Key Opinion Leader，KOL），以及国民品牌，一起组成《幸福公约》的传播矩阵，在微博发布参与《幸福公约》的文案，扩大了活动的传播范围，使更多用户了解《幸福公约》并加入进来。

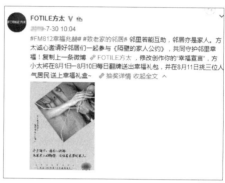

图7-24　音频抽奖活动　　　　　图7-25　"幸福宣言"抽奖活动

（4）综合分析

方太在对新媒体文案进行传播时，通过使用视觉符号和听觉符号，唤醒用户痛点和促进情感交流，提高了新媒体文案的传播性。选择微博、微信、音频平台，讲述邻里之间的故事，唤醒用户对邻里的记忆，通过他人温暖的邻里关系，使用户产生对和谐邻里关系的渴望，促进用户参与《隔壁的家人公约》活动，扩大新媒体文案的传播范围，并借助发起人、赞助商等力量，提高方太的影响力，结合其品牌文化"为了亿万家庭的幸福"，深化其品牌形象。

7.2.2　美的《爸妈，我过年不想回家》

美的抓住当代青年男女，过年压力大不想回家的心理，创作了新媒体文案《爸妈，我过年不想回家》，为用户提供了应对过年尴尬情况的方案，吸引用户参与"春节摊牌运动"活动。然

扫一扫　看微课

美的《爸妈，
我过年不想回家》

后通过活动吸引用户在评论区留言，说出"想和爸妈摊牌的理由"，提高美的品牌影响力。下面分别从文案展示、文案创作分析和文案传播分析的角度对文案进行分析。

1. 文案展示

新媒体文案《爸妈，我过年不想回家》为图文式的微信公众号文案，从春运抢票讲起，引出成年人过年回家需要面对的无奈，分别介绍了上班族、单身族和社恐族用户可能遇到的困扰，以图片形式展示相应的应对方案，再抓住用户内心"想回不敢回"的心理，发起摊牌活动，图7-26（a）和图7-26（b）所示为《爸妈，我过年不想回家》新媒体文案展示。

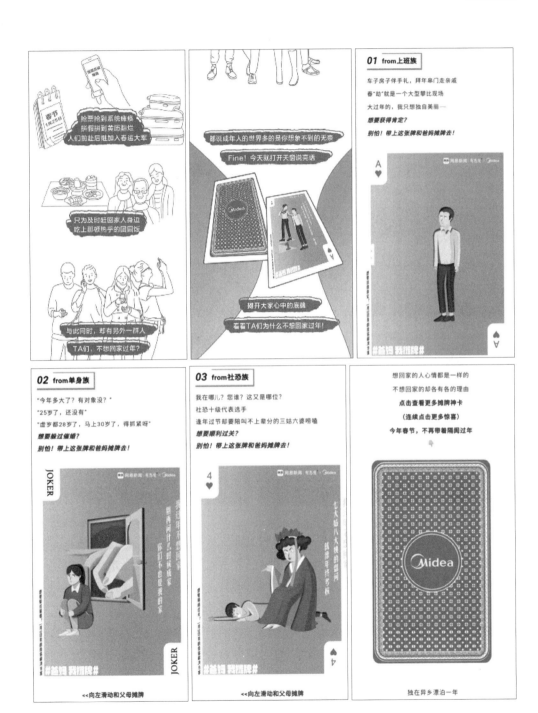

图7-26（a）《爸妈，我过年不想回家》新媒体文案展示

图7-26（b）《爸妈，我过年不想回家》新媒体文案展示

2. 文案创作分析

对新媒体文案《爸妈，我过年不想回家》可以从文字内容分析和版面设计分析着手进行文案创作分析。

（1）文字内容分析

该新媒体文案借助春节、春运的热点开头，通过漫画的形式将用户抢票、回家的理由展示出来，能够快速唤醒用户对于回家过年的记忆，引起用户的共鸣，然后谈及"另外一群人"不想回家过年，并说出原因——"成年人的世界多的是你想象不到的无奈"，加深用户的共鸣，引出新媒体文案主题"摊开心中的底牌"，帮助用户向父母坦白，使用户能够放心回家过年，为"春节摊牌运动"活动的开展奠定基础。

根据"TA们"不同的特点，新媒体文案正文分为了3个部分，分别从上班族、单身族和社恐族3种角度，讲述其不想回家过年的理由，然后借助滑动图片的形式，展示牌的两面，向父母摊牌。接着对春节回家过年进行总结：想回家过年的心情一样，但不想回家过年的理由不同，并从用户角度出发，展示不同牌面，告诉用户今年可以不用带着隔阂回家。最后说出每个在外漂泊的用户的心里话——"谁不想回家呢？其实，不是不想，只是不敢"，引起用户共鸣，抓住用户的心，引出活动"春节摊牌运动"，吸引用户参与进来，并留言说出自己的心声。

该文案采用了图文结合的表现形式，借助总分的写作结构，抓住在外工作的用户的内心，引起用户共鸣，再通过话题讨论的方式进行结尾，深化了文案的主题，并勾起了用户的倾诉欲望，提高了文案的传播性。

（2）版面设计分析

该新媒体文案选择了美的品牌色——蓝色作为主题色；采用了居中对齐和左对齐混合的排版方式，将开头和结尾与正文内容分割开来，突出新媒体文案的主题——"摊开心中的底牌"；并以加粗、使用品牌色和加底色的方式，突出文案的重要内容，如"别怕！带上这张牌和爸妈摊牌去！""今年春节，不再带着隔阂过年""为你带来摊牌解决方案"等。

3. 文案传播分析

新媒体文案《爸妈，我过年不想回家》，发布于2020年1月6日，与春运买票、抢票的时间点重合，抓住了年轻人过年不想回家的心理，以"今年春节，不再带着隔阂回家"为简介，吸引用户的注意力。开头通过写实的漫画内容，快速唤醒用户对于抢票、春运、回家过年的一系列记忆，引起用户的注意，直击用户的痛点，再通过不断重复"别怕！带上这张牌和爸妈摊牌去！"强化了文案主题，加深了用户对于"摊牌"的记忆。

该文案的配图也充分展示了过年回家容易面对的问题和用户的真实心理，使用户更容易产生代入感。最后提出问题"如何让沟通代替逃避 用真心话代替演戏？"，加深用户对于摊牌的思考；利用话题，引起用户的倾诉欲，使用户更愿意将微信公众号文案分享到微信朋友圈中，提高其传播范围。

此外，美的还在"美的集团"和"美的小美"等微博账号上发布了相关文案，正式开启"春节摊牌运动"，并以牌面作为配图，引起用户注意。在"美的集团"微博账号上，美的通过提问的方式，以"听说最近有副扑克牌很火？"引起用户的注意，通过介绍扑克牌的内容、作用，并加入评论抽奖活动，吸引用户参加"春节摊牌运动"，增加了微博文案的点赞、评论和转发数量，扩大了活动的传播范围，提高了美的品牌的知名度和影响力。图7-27所示为美的集团评论抽奖微博截图。

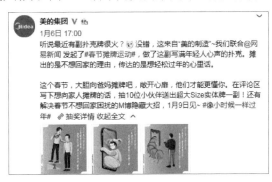

图7-27 美的集团评论抽奖微博截图

课堂活动

查找新媒体文案《和我一起共创幸福公约》和《爸妈，我过年不想回家》的相关资料，回答下列问题。

（1）假设你是方太的文案人员，你会如何创作新媒体文案，向用户介绍《幸福公约》。

（2）假设你是美的的文案人员，请你为"春节摊牌运动"设计传播方案。

（3）谈谈你看完上述两个品牌新媒体文案后有何收获。

7.3 运动行业新媒体文案的创作与传播

随着人们对健康问题的重视，运动行业在市场上的发展势头越来越好。而新媒体的发展，则将其引入了"互联网+"时代，使运动行业也越来越重视新媒体平台的作用。下面将对运动类品牌Keep和咕咚App的新媒体文案进行分析，帮助读者了解运动行业的新媒体文案。

课堂讨论

（1）你手机里有运动类的App吗，你为什么选择这个App？

（2）该App发表在新媒体平台上的文案有什么特点？

7.3.1 Keep《为什么逢年过节、一年四季都逃不开饺子？》

新媒体文案《为什么逢年过节、一年四季都逃不开饺子？》，抓住了用户对传统食物饺子的喜爱，于冬至前一天发布在微信公众号上，更容易引起用户的注意，吸引用户查看该新媒体文案，为文案带来更多的浏览量。该文案描述了用户人生中可能出现的6个情景，引出新媒体文案的主题"热力饺子馆"，下面将分别从文案展示、文案创作分析和文案传播分析的角度对新媒体文案进行讲解。

1. 文案展示

新媒体文案《为什么逢年过节、一年四季都逃不开饺子？》是由文字、图片和视频组成的，通过上小学的前一天、初中时的周末、大学开学前、工作两年后、成家后和带孩子回家6个场景，讲述了"你"与饺子的故事，引出饺子的含义"是温暖，是思

扫一扫

《为什么逢年过节、一年四季都逃不开饺子？》

念，是传承，是团圆，是妈妈的味道，是家的味道"。然后通过分割线，以朋友的语气告诉用户"开"了一家"热力饺子馆"，邀请用户参与活动。图7-28所示为《为什么逢年过节、一年四季都逃不开饺子？》新媒体文案的节选。

图7-28 《为什么逢年过节、一年四季都逃不开饺子？》新媒体文案的节选

2. 文案创作分析

分析新媒体文案《为什么逢年过节、一年四季都逃不开饺子？》时，可以从内容组成分析和视觉效果分析两个部分进行。

（1）内容组成分析

该新媒体文案由文字、图片和视频组成，下面分别进行分析。

① 文字分析

该新媒体文案以"你对饺子一无所知"作为文案简介，快速引起用户的好奇心，使用户产生"从小吃到大的饺子，有什么是我不知道的？"等疑问，促进用户查看并阅读完整文案内容。

该新媒体文案使用故事引导法，以第二人称视角对6个情景进行了口语化的描述，展示了"你"生命中可能出现饺子的情景，加强用户的代入感，唤醒用户对于饺子的记忆，引起用户的共鸣。

然后用分割线将故事内容与文案主题分割开来，引出文案主题"热力饺子馆"，以视频向用户介绍有黄金营养比例的饺子，再以朋友的身份，叮嘱用户不要忘记锻炼，顺势引出活动礼品，介绍礼品获得方式，呼吁用户参与进来，并提出还有其他的实物产品，在文案结尾留下悬念，使用户产生好奇，从而增加用户黏性。

该文案先通过讲故事的形式，吸引用户的注意力，唤醒用户记忆，引起用户的共鸣，提高文案被分享的概率。再通过朋友间闲话家常的语气，引出文案的营销目的，提高用户的接受程度，最后通过丰厚的奖品以及实物产品的悬念，吸引用户参与、关注"热力饺子馆"活动，提高用户的积极性，并以"组队"的形式，提高和扩大新媒体文案的影响力和传播范围。

② 图片分析

该新媒体文案分割线上下两部分的图片类型有所不同，上部分的图片采用了水彩画的风格，展现了盛在盘子里的饺子和围绕桌子包饺子的情形，与相关的文字叙述相对应，下部分的图片则以海报的形式，向用户介绍"热力饺子馆"活动，展示活动的奖品和主题，以吸引用户参与活动，提高活动的参与度，增强Keep的品牌影响力。

③ 视频分析

在新媒体文案《为什么逢年过节、一年四季都逃不开饺子？》中，视频的目的在于介绍黄金营养比例饺子的做法，视频从包饺子的场景切入，开头以"包饺子也能消耗卡路里""这都算Keep""一名喜家德的面案技师"等内容，向用户说明该视频的品牌、主题，然后展示需要用到的食材，再从和面开始讲解饺子的做法和技巧，并在煮饺子的时候展示一些放松上肢的运动，与"热力饺子馆"这个主题联系起来，使运动和包饺子产生关联，提高了用户的接受度和好感度，还能使用户在包饺子时自然想起这两个品牌。

（2）视觉效果分析

该新媒体文案综合了文字、图片和视频，选择了红色作为文案的主要颜色，与"热力饺子馆"活动色统一，突出冬至的喜庆、重要。该文案采用了左对齐的排版方式，以居中的圆形序号分隔不同情景的内容，并通过加粗方法突出文案重点内容。然后将Keep首字母（也是其Logo）——"K"，与分隔线组合，将叙述内容与推广内容分隔开来，通过加粗并加底色的方法，着重显示重点内容，吸引用户参与"热力饺子馆"活动。

3. 文案传播分析

新媒体文案《为什么逢年过节、一年四季都逃不开饺子？》，抓住了用户对饺子的感情，借助冬至的热度，通过"你对饺子一无所知"刺激用户，使新媒体文案能够在短时间内快速引起用户的注意。并借助第二人称，对现实生活中饺子可能出现的场景进行描述，快速唤醒用户对饺子的记忆，使用户与文案内容产生共鸣，并促使其将记忆中的一些趣事、囧事等分享到微信朋友圈，或分享给亲人、朋友。

该新媒体文案中的视频，主题是介绍黄金营养比例饺子的做法，并穿插了一些做饺子后放松肌肉的运动，能够使用户产生"以后说不定用得着"的心理，并促使其通过分享、收藏等手段标记该新媒体文案，以提高文案被分享的概率。并且"热力饺子馆"活动借助了"组队"的形式，吸引用户将其分享给好友，寻找组队对象，提高新媒体文案的传播性。

此外，Keep还在微博上发布了新媒体文案中的视频，借助转发抽奖的活动形式吸引用户的注意力，提高微博文案的传播性，为宣传"热力饺子馆"活动奠定基础，转发抽奖如图7-29所示。冬至当天，Keep在微博上正式发布了"热力饺子馆"的宣传信息，并邀请用户参与活动。图7-30所示为邀请用户参与活动。

图7-29　转发抽奖　　　　　　图7-30　邀请用户参与活动

7.3.2　咕咚App《散步幸福》

《散步幸福》是咕咚App和腾讯视频《幸福三重奏》节目联合发起的主题活动，旨在帮助用户消化与恋人在日常生活中的矛盾，更妥善地经营幸福生活。新媒体文案《散步幸福》是针对该主题活动发布的宣传文案，以帮助用户了解活动主题，吸引用户参与活动，增加活动的参与度，提高品牌知名度和使用率。下面将从文案展示、文案创作分析和文案传播分析的角度对新媒体文案进行讲解。

1. 文案展示

新媒体文案《散步幸福》是咕咚App发布在微博上的图文结合式文案，针对不同恋爱阶段面临的困扰，提出"就散步去"，引出文案主题"将日常的问题日常地消化，每天走一点，我们就不会散。"，吸引用户参与主题活动。图7-31所示为《散步幸福》新媒体文案，《散步幸福》新媒体文案配图展示如图7-32（a）和图7-32（b）所示。

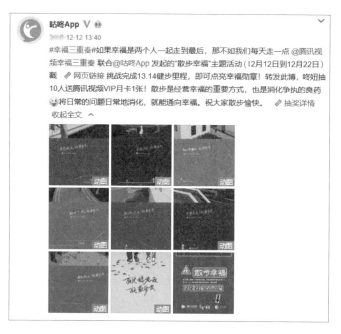

图7-31 《散步幸福》新媒体文案

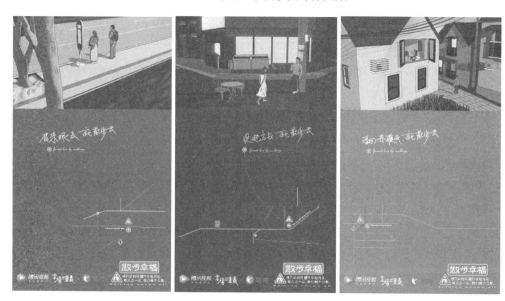

图7-32（a）《散步幸福》新媒体文案配图展示

图7-32（b）《散步幸福》新媒体文案配图展示

2. 文案创作分析

对新媒体文案《散步幸福》可分别从文字内容分析和组成结构分析两个方面进行文案创作分析。

（1）文字内容分析

该新媒体文案采用了统一的"××××，就散步去"格式，与文案主题"散步幸福"相呼应，并且图片底部还以小字将活动主题"将日常的问题日常地消化，每天走一点，我们就不会散"展示了出来，与微博文案中的文字内容开头"如果幸福是两个人一起走到最后，那不如我们每天走一点"相呼应。

该新媒体文案的文字内容抓住了用户对幸福的期盼，吸引用户的注意力，直接引出活动，介绍活动形式和奖品，然后告诉用户散步的优势——"散步是经营幸福的重要方式，也是消化争执的良药"，吸引用户参与进来。结尾则使用"将日常的问题日常地消化，就能通向幸福"，与开头相互呼应，强化了活动的主题，将散步与幸福联系起来，提高用户参与活动的积极性，增加了品牌的知名度。

（2）组成结构分析

该新媒体文案由上部的简笔画动图、中间的文字内容和下部的路线图组成，动图展示了用户在追求幸福的过程中可能出现的片段画面；文字内容采用"××××，就散步去"的格式，将可能遇到的问题与散步联系起来，强化了两者之间的联系，加深了用户对散步的印象；路线图则以简单的线条，展示了动图人物的散步路线，并以英文注释的方式，提醒用户遇到问题，可以"散步去"。

3. 文案传播分析

新媒体文案《散步幸福》是咕咚App与综艺节目《幸福三重奏》联合发起的活动宣传文案，其主题与节目宗旨保持了一致，提出通过"散步"解决感情问题，将散步与幸福关联，鼓励用户使用咕咚App记录用户的散步里程。

该新媒体文案抓住了用户追求幸福的心理，并借助了综艺节目的热度，吸引用户的注意力，提高新媒体文案的传播性。文案通过口语化的"就散步去"，使用户更容易将其与日常生活联系起来，有利于活动在不同用户之间的传播，能够增加新媒体文案的浏览量，扩大传播范围。

此外，活动还利用了"1314"这个谐音，通过"挑战完成13.14健步里程，即可点亮幸福勋章"，给用户一种美好的期许——"完成13.14健步里程，就可以与身边的人获得幸福"，增强了用户参与活动的兴趣，提高了活动的参与度。

《幸福三重奏》节目也继咕咚App发布新媒体文案后，在其官方微博发布了《散步幸福》的"文字+视频"宣传文案，对咕咚发布的图片进行延展、解释，帮助用户理解活动的意义，深化活动主题，图7-33所示为节目官方微博发布的宣传文案。

之后，节目官方微博还发布了抽奖活动，进一步吸引用户的注意力，提高用户的参与积极性，增强了新媒体文案的传播性。图7-34所示为抽奖活动微博文案。

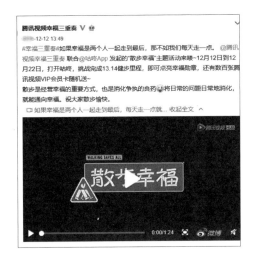

图7-33　节目官方微博发布的宣传文案 　　图7-34　抽奖活动微博文案

根据要求，回答下列问题。

（1）扫描右侧二维码，阅读 Keep 发布的新媒体文案《明星超模都在练的 Barre 到底怎么玩？》，阅读并分析其内容。

（2）假设你是《散步幸福》活动的文案策划人员，请你结合已有新媒体文案，写作一篇宣传推广的新媒体文案。

扫一扫

明星超模都在练的 Barre 到底怎么玩？

7.4　汽车行业新媒体文案的创作与传播

随着经济的发展，汽车逐渐成了用户日常出门常用的交通工具，用户对汽车的需求也越来越大，这促进了汽车行业的发展，同时也使得汽车行业的竞争更加激烈，文案人员要想进入汽车行业，就需要了解该行业的新媒体文案风格。下面将对奥迪和凯迪拉克的新媒体文案进行介绍，帮助读者了解汽车行业新媒体文案。

（1）提及汽车行业，你会想起哪些品牌的新媒体文案？

（2）选择一篇新媒体文案，谈谈你对它的印象，以及该文案能够给你留下印象的原因。

7.4.1 奥迪《走过的上班路居然这么长》

新媒体文案《不算不清楚，那些年的上班路居然这么长长长长长长》（以下简称《走过的上班路居然这么长》），是奥迪为推广新品奥迪Q5L发布的新媒体文案，通过对自由的思考，借助用户通勤距离对比奥迪Q5L的长轴距，展示该产品的优势，带动用户情绪。下面将从文案展示、文案创作分析和文案传播分析的角度对该文案进行讲解。

1. 文案展示

新媒体文案《走过的上班路居然这么长》是H5文案，该文案采用了图片的形式来展示新媒体文案的主题，其利用了道路、建筑、地球、沙漏等不同画面组成用户的通勤道路，并通过文字内容，引起用户对"自由"的思考，告诉用户奥迪Q5L就是选择自由的一种方式。此外，奥迪还将Q5L的模型图融入H5文案，加深用户对Q5L的印象，图7-35所示为《走过的上班路居然这么长》新媒体文案的节选。

图7-35 《走过的上班路居然这么长》新媒体文案的节选

文案主要文字内容如下：

在北京，也在距中关村
40千米的通州边上。

在广州，也在历经
20余个红灯才到珠江新城的增城市郊边。

在上海，也在辗转

2个小时去陆家嘴的东川路里。

人们常说，

这是我生活的自由之城，

但对于大多数的人来说，

自由的长度，

被局限在了两点一线之间，

自由的宽度，

被压缩在了辗转而眠之间。

我们总是向往自由，

却常常为了明天，

先将就无数个今天。

或许你从没有计算过，

这些年从家到公司的距离，

已足以环绕地球很多圈。

这些年加班的时间，

让你错过了，

多少次对家人的陪伴。

其实，

我们不是没有选择的自由，

只是没有选择自由。

2. 文案创作分析

下面将从整体内容、版面效果和表现方式3个方面对新媒体文案《走过的上班路居然这么长》进行分析。

（1）整体内容分析

该新媒体文案直接以"北京""广州""上海"3个城市和"40千米""20个""2个小时"，吸引用户的注意力，自然引出"自由之城"，提及"自由的长度"和"自由的宽度"，引起用户对"自由"的思考，再通过"向往自由""将就无数个今天"，揭示用户对现实生活的无奈，引起用户共鸣，然后从家到公司的距离已经足够环绕地球很多圈和加班错过陪伴家人两个方面，进一步讲述生活的无奈和遗憾。

最后提出文案主题"只是没有选择自由"。还邀请用户通过填写地址、梦想之地、通勤路程以及工作年限等，将通勤路程换算成从家到梦想之地的往返次数、加班时间换算成与家人共度的时间等，利用数字刺激用户，促使用户将文案分享出去。图7-36所示为换算结果页面。

该新媒体文案采用了排比的修辞手法开头，利用数字，突出表达了上班路的长，为后面引出新媒体文案的主题进行铺垫。

（2）版面效果分析

该新媒体文案采用了一镜到底的形式，结合手绘插画，体现上班路的距离之长。该文案选择蓝色和紫色作为主色，给人一种单调的感觉，就如一成不变的上班路给人的感受。在文字与图片搭配上，该新媒体文案选择将文字置于画面左侧或右侧，保证画面的完整性。其随着滑动逐渐显示的方式，也能够使用户在第一时间注意到文案内容，更容易带动用户的情绪，使其产生共鸣。

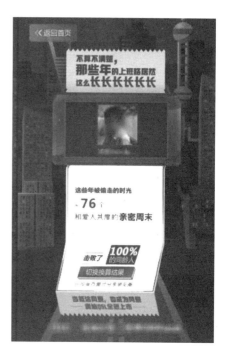

图7-36　换算结果页面

（3）表现方式分析

该新媒体文案通过两点一线的手绘插画，暗喻上班路的两点一线，从侧面表达了一头是向往的诗和远方，另一头是被通勤、加班等挤占的现实生活，该文案还通过将通勤距离与奥迪Q5L的长轴距进行对比的表现方式，突出该款车型的产品优势，更容易获得用户的共鸣。

3. 文案传播分析

该新媒体文案《走过的上班路居然这么长》，抓住了用户理想与现实之间的差距，通过描述现实生活的无奈与遗憾，调动用户的情绪，与用户产生共鸣，促进用户将新媒体文案分享出去。然后再通过对通勤路途、加班时间的换算，引发用户的思考、感叹，促进新媒体文案的传播。

7.4.2　凯迪拉克《没有后驱 不算豪华》

新媒体文案《没有后驱 不算豪华》，是凯迪拉克用于宣传新款汽车凯迪拉克CT6的文案，通过对现实生活的观察，并利用"没有××，不算××"的格式对相关情景进行描述，再以不断重复的"没有后驱 不算豪华"强调该款汽车的优点，对该款汽车进行营销。下面将从文案展示、文案创作分析和文案传播分析的角度对其进行讲解。

1. 文案展示

新媒体文案《没有后驱 不算豪华》为视频式文案，通过对日常生活中常见情景的幽默表达，加深用户对凯迪拉克CT6的印象，扩大新媒体文案的传播范围，图7-37所示为《没有后驱 不算豪华》新媒体文案的节选。

图7-37 《没有后驱 不算豪华》新媒体文案的节选

该新媒体文案的文字内容如下所示。

没有失忆，不算停车。
没有后驱，不算豪华。

没有丝巾，不算阿姨。
没有后驱，不算豪华。

没有套路，不算老板。
没有后驱，不算豪华。

没有崩溃，不算父母。
没有后驱，不算豪华。

没有自拍，不算健身。

没有后驱，不算豪华。

没有新词汇，不算发布会。
没有后驱，不算豪华。

没有天书，不算医生。
没有后驱，不算豪华。

没有缩写，不算"00"后。
没有后驱，不算豪华。

没有枸杞，不算养生。
没有后驱，不算豪华。

没有谐音，不算文案。　　　　　　没有洗脑，不算广告。

没有后驱，不算豪华。　　　　　　没有后驱，不算豪华。

没有总裁，不算肥皂剧。　　　　　没有放大，不算甲方。

没有后驱，不算豪华。　　　　　　没有后驱，不算豪华。

2. 文案创作分析

新媒体文案《没有后驱 不算豪华》，开头以快速走动的腿和悬疑的音乐，勾起用户的好奇心，然后镜头转换，地下车库里，男子一脸冷汗、焦急地往回看，给用户留足了悬念，然而画风一转，车门解锁警报的声音传来，男子开始寻找汽车，背景音乐也发生转变，画面上出现"没有失忆 不算停车"，进而引出凯迪拉克CT6跑动的画面，展示"没有后驱 不算豪华"，引出文案主题。图7-38所示为新媒体文案开头部分截图。

图7-38　新媒体文案开头部分截图

该新媒体文案分为数个互相独立但又彼此关联的部分，通过展示日常生活中，用户可能会经历的状况，然后以"没有××，不算××"的格式，总结该状况，再重复播放"没有后驱 不算豪华"的片段，不断加深用户的印象。文案结尾以不断放大的凯迪拉克Logo进行结尾，既向用户展示了文案的品牌方，也从另一方面呼应了文案格式"没有放大 不算甲方"。图7-39所示为以不断放大的凯迪拉克Logo进行结尾。

图7-39　以不断放大的凯迪拉克Logo进行结尾

3．文案传播分析

《没有后驱 不算豪华》在微博上进行传播时，先通过"五彩斑斓的黑算什么！"，引起用户的注意，然后引出"没有后驱 不算豪华"，再通过"小编也就循环播放了30多遍"引起用户的好奇，再发起邀请"要不你也来试试？"，促进用户查看视频内容。

文案人员更是直接将视频的标题设置为《这个视频也就循环看了30多遍》，设置简介为"没有＿＿，不算＿＿。超有魔性的视频让你欲罢不能。"，使用户好奇，图7-40所示为微博文案截图。

图7-40　微博文案截图

新媒体文案则借助"没有××，不算××"的格式，"吐槽"了现代社会上常见的现象，使用户产生共鸣，提高用户对凯迪拉克的好感度。再通过不断重复的"没有后驱 不算豪华"，将凯迪拉克CT6的特点，深入用户的记忆，使用户遇到视频中的情景时，很容易联想到"没有××，不算××"，继而想起凯迪拉克CT6。

（1）假设《走过的上班路居然这么长》要在微博上进行传播，请你为其写作传播文案，设计传播方法。

（2）谈谈凯迪拉克《没有后驱 不算豪华》新媒体文案的优缺点。

7.5　课堂实训

7.5.1　饿了么星选新媒体文案分析

随着智能手机的普及，外卖行业得到了迅速的发展，其中，饿了么可谓外卖行业中的佼佼者。假设你打算面试饿了么星选的文案人员，现需对饿了么星选的文案内容、传播方式进行分析，以加强对饿了么星选文案岗位的了解，增强面试竞争力，图7-41所示为饿了么星选的新媒体文案。

图7-41　饿了么星选的新媒体文案

1. 实训要求

（1）分析新媒体文案内容。

（2）分析新媒体文案的传播方式。

2. 实训步骤

根据实训要求，本例将对饿了么星选的新媒体文案进行分析，以达到加强对饿了么星选文案岗位的了解、增强面试竞争力的目的，具体步骤如下。

（1）分析新媒体文案内容。在分析新媒体文案内容前，需要先对视频内容进行查看，将该新媒体文案分为视频和文字两部分进行分析，从开头、写作方法、整体结构、作用等不同方面进行分析。例如，该新媒体文案的文字内容通过提出问题以吸引用户的注意力，促进用户对视频内容产生好奇，提高视频的播放量。

（2）分析新媒体文案的传播方式。在不同新媒体平台搜索"'猪事顺利吃出来"，查看相关文章，综合分析该新媒体文案的传播方式。例如，在微信公众号上，饿了么星选使用"吃这些美食会有好事发生！不是迷信！绝对真实！"作为标题，以"好事发生""绝对真实"等，引起用户的好奇，吸引用户查看正文内容，提高文案的传播性。

7.5.2　知乎新媒体文案分析

新媒体平台现在十分受欢迎，知乎就是其中之一。假设你是某高校应届毕业生，想要入职知乎文案部门，你的朋友建议你先对知乎已有的新媒体文案进行分析，了解知乎新媒体文案的内容，然后拟写一篇宣传文案，作为面试资料，提高入职概率，请你在微博搜索"我们都是有问题的人"，选择"向日葵晚上在干嘛？"开头的新媒体文案进行分析，并针对文案主题，撰写一篇宣传文案。图7-42所示为知乎新媒体文案。

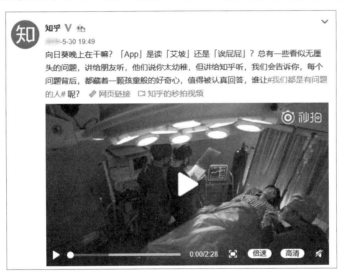

图7-42　知乎新媒体文案

1. 实训要求

（1）分析新媒体文案内容。

（2）撰写宣传文案。

2. 实训步骤

根据实训要求，本例将对知乎"我们都是有问题的人"新媒体文案进行分析，并撰写宣传文案，以达到了解知乎新媒体文案内容，提高入职概率的目的，具体步骤如下。

（1）分析新媒体文案内容。观看相关视频，为方便分析，可将视频中的字幕部分单独记录下来，帮助回忆视频内容；在进行分析时，可结合视频讲述内容、主题，文案的开头方式、结构、结尾方式等分别分析。例如，该新媒体文案利用设置悬疑的方式开头，以手术室内男子告诉女朋友"别担心"引入，使用户产生疑问，吸引用户继续看下去，然后以神转折的方式提出问题"女朋友的脑子里到底在想什么？"，引出文案主题"我们都是有问题的人　知乎有问题提问大赛"，提高用户的感兴趣程度。

（2）撰写宣传文案。"我们都是有问题的人"新媒体文案的主题为"有问题提问大赛"，应针对该主题，选择合适的切入点，撰写宣传文案。例如，选择"提问"作为切入点，那么可选择"问问问，十万个为什么即将袭来"作为标题，以身边的朋友A每天都有数不清的问题作为开头，表达自己的困扰，然后以朋友B却没有这个困扰为基础，引出"有问题可以上知乎"，说明B是如何解决这个问题的，进而宣传"有问题提问大赛"。

7.6　课后练习

1. 搜索"民生消费美学"，对《灵魂降温指南》外的新媒体文案内容进行分析。

提示：可分别从构图、写作方法、运用的技巧等不同方面进行分析。

2. 搜索欧派的新媒体文案"共享爸爸"，对其内容进行分析。

提示：可从内容写作的方法，使用的技巧等方面进行。

3. 搜索Keep的新媒体文案"怕就对了"，观看相关视频，对其传播方式进行分析。

提示：可在不同平台搜索Keep"怕就对了"相关新媒体文案，进行综合分析。

4. 搜索梅赛德斯-奔驰在2020年发表的贺岁微电影《归心》，对其内容和传播方式进行分析。

提示：可在不同新媒体平台搜索与《归心》相关的新媒体文案、资料，对视频文案本身、梅赛德斯-奔驰不同平台账号发布的新媒体文案进行分析。